인생, 경영의 핵심경영 6가지 대원칙

【지금은 영혼이 필요한 시간】

깨달음으로 이끄는

경영이란 무엇인가?

이종운

비즈프레스

머리말

21세기의 지속가능한 영성경영모델을 제시했다. 이 세상은 거의 합리적이거나 또는 비합리적이거나 하지는 않은 것 같다. 반드시 이기는 것이 전략이지만 완전히 지는 것도 전략이다. 곤란과 장해를 해쳐나가다가 길을 잃은 분들에게 전체와 부분을, 문제와 본질을 보면서 올바른 방향과 길을 찾을 수 있었으면, 생각과 사실을 탐구하다 한계에 처한 분들에게 다소 편안함과 위로가 되었으면, 더 넓은 꿈과 탐험을 향해 희망(希望)을 열어 가며 변화의 영원한 진리(眞理)를 향한 도전과 열정이 당신의 좋은 친구가 되었으면 한다.

이 글을 쓴 동기는 변화의 영원한 진리(眞理)를 향한 도전과 열정의 물음이다. "경영이란 무엇인가?" 경영자는 묻고, 대학생은 궁금해 한다. 아울러 "인생이란 무엇인가?" 모두들 묻는다. 당신이라면 이 부분을 어떻게 풀겠습니까? 당신이라면 여기서 어떤 결론을 이끌어 내겠습니까? 각자 상황에 따라 위치에 따라 다르게 표현할 수 있다. 그러나 경영과 인간, 인간과 경영은 상당히 다른 것 같지만 궁극적으로 같다. 깨어 있는 삶과 깨어 있는 경영이 가능할까? 인간과 경영이란 삶이요 변화요 흐름이다. 태어나 묻고 찾고 알고 다시 태어난 곳으로 되돌아갈 뿐이다. 즉 깨어 있는 영성을 통한 사람과 세상의 이로움을 위한 창조경영이다.

나와 우리는 '누구이며 지금' 어디로 가고 있는가? 제1부 영성경영이요. 나와 우리는 '무엇으로 어떻게' 갈 것인가? 제2부 역량경영이다. 나와 우리는 '누구와 함께' 갈 것인가? 제3부 관계경영이요. 나와 우리는 '예정대로 잘' 가고 있는가? 제4부 평가경영이다. 나와 우리는 '지금 어디에' 와 있는가? 제5부 성찰경영이요. 나와 우리는 '지금보다 다르게' 할 수 있는가? 제6부 창조경영이다. 인생과 경영의 사이클인 계획-실행-평가를 보다 구체적인 핵심역량으로 인도할 수 있도록 단순화 시킨 방법론이며 시스템으로 묻고 찾고 다시 처음으로 되돌아가는 깨달음의 여정이다.

지금 세계는 애덤스미스 이후, 신자유주의 시장경제를 추진한 이래 단일시장으로 발전함과 동시 또한 최대의 위기를 맞고 있다. 각국 정부들은 컨설팅 혹은 경영의 구루를 앞세워서 포장된 경영이론으로 노동의 유연성확보 및 정보화, 세계화, 국제화, 국제경쟁력 강화라는 화두 속에서 브레이크 없는 무한질주를 계속하고 있다. 기업들도 마찬가지이며 무한경쟁 속에서 살아 남기위한 규제와 제한 철폐를, 구성원들은 삶의 질을 요구하고 있다.

이로 인한 고용의 불안정 및 노사갈등의 심화로 윤리의식은 사라지고, 지나친 경쟁과 출세, 성공만이 상대를 쓰러뜨리고 존재하는 비인간적인 사회로 변모해가고 있는 것 또한 현실이다. 이것은 모든 구성원들에게 상당한 압력과 스트레스로 작용되어질 것이며 가치관의 혼란과 인간성상실 그리고 공동체의식의 결핍으로 이어져 심각한 존재의 위기가 될 것이다.

따라서 우리는 혼연(魂然)의 힘을 다해 열고, 통하는 창조의 세계로 가야만 한다.

우리는 누구이며 왜 이곳에 있으며 어디로 가고 있습니까? 닐 암스트롱(Neil Alden Armstrong)이 표현한 진정한 뜻이 무엇일까? 한 인간에게는 첫 걸음이지만 인류전체에 있어서는 위대한 도약은 무엇일까? 탔던 배 꺼지는 시간, 구명대를 서로 사양하며 "너만은 제발 살아다오" 혹은 온 세상의 찬성보다도 '아니' 하고 머리를 흔들 이런 사람들이 존재하는 세상이 아닐까? 이것은 위대한 걸음이요 열정이며 숭고한 사랑이다. 비단 함석현 선생님뿐만 아니라 지금 우리들의 절박한 심정이 아닐까?

삶에서 가장 중요한 질문은 무엇일까요? 승리, 성취, 성공, 봉사, 사랑, 행복인가? 모두 경영활동 속에서 가능할까? 당신의 인생에서 가장 행복하고 일에 최선을 다했다고 느꼈던 적은 언제인가? 하늘은 스스로 돕는 자를 돕듯이 그것은 타인을 위해 무엇을 하고 있을 때가 아닐까? 만약, 인간의 궁극적 목적이 행복을 추구하는 것이라면 사람이 얼마나 행복해질지는 타인을 돕든 자기를 돕든 누구든 자기의 결심에 있다.

당신은 지금 어떤 결심을 하고 있습니까? 지난 100여 년 동안 위대한 발명, 이성을 통한 경영이 세상을 변화시켰다. 그러나 경영을 포함한 모든 생명은 생성소멸이 반드시 존재한다. 20세기는 주인의 소유와 욕망을 중심으로 노동자들에게 통제와 관리에 의한 무한경쟁의 원칙이 지배하는 효율의 세계였다고 말할 수 있다. 설명되지 않는 것은 존재하지 않는 세계로 측정할 수 없는 것은 관리할 수 없는 세계로 인정하고 합리성이 우리를 이끌었다.

앞으로 100년간의 원칙이 있다면 무엇일까? 어떤 새로운 원칙이 중심이 될 것이라고 생각하는가? 가치를 중심으로 빠르게 적응하는 조직만이 생존할 것인가? 공동체의 공유와 생명을 중심으로 인간의 자율과 적응에 의한 상생의 원칙이 존중되는 협력의 세계가 될 것이다. 왜냐하면 인간의 창의성이자 자기실현의 동기부여는 영혼의 영성(靈性)과 생명력에서 나오기 때문이다. "오히려 눈에 보이지는 않고 설명되지는 않는 세계가 우리 가까이에 있고, 그리고 그 세계가 우리를 인도 한다."고 칼 융(Carl Gustav Jung)은 갈파했다.

과학적 관리경영의 효율 및 관리중심도 중요하지만, 향후, 21세기 새로운 영성시대가 도래할 것이 확실시되기 때문에 보통사람들의 진정한 주인정신을 위한 인간성회복, 기업가정신 등의 핵심인 본성과 영성, 신성과 불성에 지속적인 관심을 가져야 할 때이다. 역사와 경영은 말없이 흐르며 순환하고 있다. 오늘날 화두인 사회적책임(CSR: Corporate Social Responsibility)경영은 영향력이 매우 크며 본질과 핵심은 영성이다. 이것이 태동되기 전 정당성과 경제성에 있어서 수많은 비판이 있어왔다.

왜 지금 영성경영과 창조경영인가? 1976년 노벨경제학상을 수상한 밀턴 프리드먼(Milton Friedman)은 1970년 뉴욕타임스 매거진에

"기업의 사회적책임을 주장하는 것은 자유주의사회에 근본적으로 반동적인 사상이다."고 기고하였다. 그러나 34년 후 2010년 12월 국제규격 ISO 26000(사회적책임 및 윤리)이 발효됨으로써 세계적 흐름이 밀턴 프리드먼과 그를 따르는 많은 학자들의 주장을 뛰어넘으면서 창조적자본주의의 새로운 학습과 실험, 혁신이 진행되고 있음을 상기해야 한다.

오늘날 수많은 정부와 기업들은 핵심인재에 집중되어 있다. 이 문제는 단기적으로는 그런대로 좋을 것이나 장기적으로 보면 큰 재앙이 될 것이 불 보듯 확실하다. 당신은 왜 재앙이라고 생각하는가? 우리는 인생과 경영을 조용히 성찰하고 깨어 있는 경영을 생각해야 한다. 깨어 있는 경영이란 무엇인가? 깨어 있는 경영과 깨어 있는 사람, 그리고 깨어 있는 조직과 깨어 있는 일이 있어야만 가능한 일이다. 더 나가 깨어 있는 사회가 되면 좋을 것이다. 경제적 민주화의 본질과 중심은 무엇일까? 개인의 영혼과 영성이다.

왜 기업과 인간이 탄생했다고 생각하는가? 이 세상에 보탬을 사회와 사람에 도움을 주기 위한 것이다. 즉 윤리를 축으로 하는 사회적 책임의 재창조에 있다. 일찍이 메슬로우는 "창조성의 개념과 건강하며 자기실현하고 완전한 인격적면모를 갖춘 사람의 개념은 점점 더 가까워져 결국엔 똑같은 것으로 밝혀지지 않을까 생각된다."고 갈파했듯이 깨어 있는 개인과 사회적 협력의 전략적 차원의 사회적 책임으로 만날 수 있다. 따라서 향후 조직 및 기업들은 구성원의 자아실현과 사회의 이상실현을 위한 솔류션으로 사회문화적 이슈 해결을 추진하면서 사회 및 경제적 공유가치로 경쟁우위를 재창조해 나아가야 한다.

사람은 충분히 건강하고 서로 인정할 줄 알며 자기실현과 자기존중감이 있는 성숙한 인간이어야 한다. 조직은 건강하고 개인뿐 아니라 모든 사람들에게 더 나아가 사회에 득이 되는 시너지가 충만한 조직이어야 한다. 동일한 목표를 추구하며 사람들이 온전한 사람으로 대접받으며 각자 차이가 있다는 것을 정당하고 공평하게 조직은 인정해야 할 것이다. 또한 사람들이 훌륭한 팀워크의 소속감을 통해 사랑과 아름다움을 함께 할 수 있어야 한다.

일은 의미가 있으며 성취하고자 하는 감정을 일으켜야 하고, 모든 정보를 완벽하게 제공받아야 한다. 인간이 주체적으로 주동자로서 완성을 추구하며 스스로 자기선택과 책임감이 강한 일을 선호한다는 것을 이해해야 한다. 즉 '깨어 있는 경영'은 일에 대한 흥미와 몰입이 미래를 당겨와 창조할 수 있다는 것을 확신해야 한다. 따라서 무엇보다도 인간에 대한 심오한 이해가 매우 중요하다. 깨어 있는 경영은 어쩌면 조직이 기본과 상식에 충실한 경영을 할 때 가능한 일이라는 사실을 무시하면 안 된다.

즉 사람과 자연과 사회중심의 경영을 하면서 고객과 수익 그리고 사업의 성장엔진을 찾아 끊임없이 실행해 가는 과정이며 핵심역량을 키우는 일이다. 나는 그동안 삼성과 현대에서 20년 기업생활을 마치고, 대학에서 5년이 넘게 강의하면서 학생을 가르치는 것으로 착각했다. 그러나 최초 '영혼이 있는 경영과 리더'를 생각하고, 글을 써오면서 최종적으로 깨달음으로 이끄는 '경영이란 무엇인가' 부제로 '지금은 영혼이 필요한 시간'을 정리하면서 스스로 성찰하게 되었다.

나는 단순히 '영원히 배우는 학생일 뿐'이라는 것을, 그동안 많은 가르침을 주신 분들께 죄송함과 아울러 감사한 마음을 드린다. 아무쪼록 이글이 독자 여러분의 삶과 경영에 도움이 되었으면 한다. 항상 용기와 희망을 주는 K-선생에게 진실한 고마움을 전하며, 끝까지 기다려주신 도서출판 비즈 프레스 추일재사장님의 인격에 감사한다. 바쁜 시간을 쪼개 추천의 글을 써주신 KDM 김종국 대표이사께 큰 신세를 졌다. 친구 향림(香林)이가 끝까지 방향을 잃지 않고 자신의 길을 한 걸음, 한 걸음 앞으로 나아갔으면 바란다.

2014년 12월

저자

추천의 글

우리 앞에 펼쳐지고 있는 사회는 자유경쟁시장 중심의 자본주의와 글로벌화가 핵심이다. 이미 20세기 기업의 풍토는 물질만능과 출세지향의 신조어를 만들어가며 모든 사람들이 출세와 돈만이 최고라는 생각을 앞세워 일하게 만들어 놓았다. 그리고 현재는 지속가능경영을 위해 사투를 벌이고 있다. 이것은 양적풍요를 넘어선 지난 세기의 비극이라고 볼 수 있으며 비전만능주의로 흘러버린 우리나라 기업들의 세태라고 꼬집을 수 있겠다.

지금 우리사회의 젊은이들은 대학을 나오면, 유명대기업 아니면 공무원에 열을 올리고 있다. 명예와 안정 그리고 연봉을 따지는 것이다. 우리젊은이들은 스스로 가야할 길을 찾지 못하고, 방황하는 이들이 주변에 너무도 많이 있다. 이 땅에 태어나 자신이 가야할 길과 수년을 공부해온 분야와 취업의 어려움 속에 '나는 무엇을 하고 어디로 가야하는지' 후련한 결론을 내지 못하고 있으며 이 사회 또한 확실한 대안을 내놓지 못하는 안타까움이 지속되고 있다.

초등학교부터 대학원까지 많은 비용과 눈물겨운 경쟁을 통하여 졸업을 했지만 반겨주는 곳이 없다. 졸업생들이 취업을 못하고 적체되어 있는 것은 물론이고, 학부생으로 취업하기위해 1학점 남겨놓고 대기하고 있는 수많은 건강한 젊은이들이 취업을 고대 하고 있다. 또한 대학 휴학을 하고, 학원을 다니며 공무원시험을 준비하는 학부생들은 얼마인가. 대학원을 졸업하고도 취업이 안 되어 청소부가 되기 위해 모래 짐을 지고 달리고 있는 젊은이들 생각하면 국민에 한사람으로 그 많은 노력과 가족의 노력을 생각하면 너무도 마음이 아프다.

그러나 자신이 노력하지 않는 한 국가나 이 사회 누구도 답을 주지 않을 것이다. 그것은 자신만이 자신을 잘 알고 만족할 수 있는 자기 길을 찾을 수 있기 때문이다. 이제 우리 젊은이들은 국가와 사회의 답을 기다리는 수동적 자세에서 주변의 시선을 무시하고, 하고 싶고 자신 있는 분야를 선택하는 용감한 결정을 해야 한다. 스스로 자신의 인생에 주인공이 되라는 것이다. 젊음의 열정으로 자신의 자질과 인생에 대해 원점에서부터 분석하고 연구하여 자신이 가야 할 길을 결정하고, 그것을 목표로 하여 집중하고, 과감하게 도전하여 자신만의 길을 확보해야한다.

어느 한 친구가 유명대학을 나와 공무원이 되어 열심히 일했으나 도대체 일에 재미를 못 느껴 그만두었다. 그러나 어느 날 우연히 부산에서 초밥을 먹게 되었는데 그 맛에 감동하여 "바로 이거다" 이것이 자신의 길임을 통감하고 초밥을 본격적으로 공부기 위해 일본에 가서 바닥부터 수년 동안 노력하여 최고의 전문가가 되었다. 한 친구는 일본의 명문대학인 동경대학을 나왔으나 국내 취업에 실패하자 주위시선 상관없이 직업 훈련원에 들어가 용접기술을 연마하여 건설업체에 취업하여 전혀 다른 일을 하고 있다.

앞으로의 21세기는 무엇을 어떻게 열어가야 하는가? 물질을 넘어 질적 풍요인 정신세계를 함께 열어가야 할 것이다. 올바른 방향과 길은 어디에 있는가? 모로 가도 서울만 가면 된다는 비전만능주의가 아니라, 항상 바른 길로 인도하는 미션과 가치를 바탕으로 비전이 새롭게 정립되어야 한다. 많은 사람과 기업들은 이것을 놓치고 있다. 나는 이 책을 통해 끊임없는 질문 속에서 참다운 나와 기업을 발견하려는 도전과 열정을 발견했다. 즉, 사막에서 오아시스를 발견하는 행복한 마음을 느낄 수 있었다.

자신의 길은 결국 선택이 되면 하나의 길이다. 그 분야에 집중하여 누구도 넘보지 못하는 영역을 구축해야한다. 이 책의 특징은 위대한 삶과 세계적 기업들의 역량과 성과를 중심으로 한 경영을 이해하며 나(我)와 기업(企業)의 자율적이며 창조적인 새로운 경영원리(原理)란 무엇인가? 자연스럽게 학습하도록 되어있다. 첫째, 인생과 경영에서 가장 중요한 물음 핵심경영 6개 둘째, 각 핵심경영에 도달하기 위한 중요한 물음 핵심역량 18개 셋째, 각 핵심역량을 실천하기 위한 중요한 물음 핵심기술 144개로 가시적이고 구체적인 방법론을 제시하고 있다.

특히, 이 책을 통해 자기 삶과 자기경영(自己經營)을 추구하고자 하는 모든 사람들에게 영혼이 있는 경영과 리더의 길(道)을 성찰하고, 국내 및 세계적 위대한 사람들의 영감(靈感)과 열정(熱情)을 이해하고 사유했으면 좋겠다, 또한 나(말, 마음, 몸)와 행복을 바로알고, 자신과 기업의 '바람직한 경영원리(原理)'을 학습하며 더 나아가 우리를 알고, 사랑하며 전체(全體)를 이해하면서 '소유와 존재', '주체와 객체', '통제와 자율'을 자연스럽게 깨달으며 건강하고, 도덕적이고, 자주적이고, 창조적인 리더로의 주인공의 삶을 살아갔으면 하는 마음 간절하다.

2014. 12

KDM 대표이사. 김 종 국

목차

들어가기

당신이 생각하는 인간이란 무엇인가? / 2

당신이 생각하는 경영이란 무엇인가? / 9

당신이 생각하는 영혼 있는 리더는 누구인가? / 17

제1부 영성경영

나와 우리는 누구이며 어디로 가고 있는가? / 26

제1장 미션(Mission)

당신은 누구이며 무엇을 위해 이 세상에 왔습니까? / 30

제2장 가치(Value)

당신의 영혼과 심장을 뛰게 하는 가장 소중한 가치는 무엇입니까? / 40

제3장 비전(Vision)

당신은 미션을 추구하기 위해 지금 어디로 가고 있습니까? / 50

제2부 역량경영

나와 우리는 무엇으로 어떻게 갈 것인가? / 62

제4장 목표(Goal)

당신은 비전을 달성하기 위해 무엇으로 어떻게 가고 싶습니까? / 66

제5장 전략(Strategy)

당신은 목표를 달성하기 위해 무엇에 집중하고 어떻게 행동하고 있습니까? / 76

제6장 계획(Planning)

당신의 목표를 달성하기 위한 구체적인 실천계획은 무엇입니까? / 86

제3부 관계경영

나와 우리는 누구와 함께 갈 것인가? / 98

제7장 조직(Organization)

당신은 목표를 달성하기 위해 누구와 함께 실행하고 싶습니까? / 102

제8장 프로세스(Process)

당신은 목표달성을 위해 무엇을 하며 어떻게 소통하고 있습니까? / 112

제9장 인재(Talent)

당신은 목표를 달성하기 위해 어떤 인재를 뽑고 육성하고 있습니까? / 122

제4부 평가경영
나와 우리는 예정대로 잘 가고 있는가? / 134

제10장 액션(Action)
당신은 성과를 창출하기 위해 어떤 행동을 하고 있습니까? / 138

제11장 코칭(Coaching)
당신은 성과창출을 위해 지금 누구에게 어떤 코칭을 받고 있습니까? / 148

제12장 성과(Performance)
당신은 성과창출을 위해 무엇을 기여하고 있습니까? / 158

제5부 성찰경영
나와 우리는 지금 어디에 와 있는가? / 170

제13장 보상(Reward)
당신은 성과창출에 대해 어떠한 보상을 받고 있습니까? / 174

제14장 진단(Diagnosis)
당신은 미션과 비전에 얼마만큼 도달했습니까? / 186

제15장 변화(Change)
당신은 비전과 목표를 위해 익숙한 것과 이별할 수 있습니까? / 198

제6부 창조경영

나와 우리는 지금보다 다르게 할 수 있는가? / 212

제16장 학습(Learning)
당신은 미션과 비전달성을 위해 무엇을 학습하고 창조하고 있습니까? / 216

제17장 실험(Experiment)
당신은 미션과 비전달성을 위해 무엇을 실험하고 창조하고 있습니까? / 228

제18장 혁신(Innovation)
당신은 미션과 비전달성을 위해 무엇을 혁신하고 창조하고 있습니까? / 240

나오기

에필로그 / 260

들어가기

【지금은 영혼이 필요한 시간】

당신이 생각하는 인간이란 무엇인가?

인간과 자연, 우주의 본질은 무엇인가?

수학(數學)에 대해서 좀 더 공부해보고 싶다는 소망덕분에 자살을 하지 못했으며, 자신의 편견과 사물에 대한 확실한 지식을 가지려는 일들을 버리면서 해가 갈수록 행복해 했던 버트런드 러셀은 "20세기가 인류의 어느 세기보다 지식의 증대를 가져왔지만, 불행하게도 그에 상응하는 지혜의 증대는 찾아볼 수가 없다."고 갈파했다.

소크라테스는 "진정으로 알 때는 오직 한 가지, 자신이 알지 못한다는 사실" 안다고 생각하는 사람은 알지 못 한다고 했던 것이다. 찰스 다윈은 "세계는 불완전한 채로 진화"해가고 있으며 아인슈타인은 "과학적 진리조차 영원하지 못하다"며 불확실성을 말하고 있다. 즉 세계는 변화가 진행되고 있음을, 아직 인간의 혁명과 위대한 창조를 기다리는 것일까?

공자는 어느 날 "개울가에서 물이 스스로 흐르는 사실을 보고, 천지자연의 자연스러움을 체현하고 있음을 알았다" 우주의 중심은 내가(사람) 아니고, 저 흘러가는 물임을 물속에서 자연의 진리(眞理)가 흐르고 있음을 깨달았다. 세익스피어도 "인생이란 걸어가는 그림자요 자기가 맡은 시간만은 강한 듯이 무대 위에서 떠들지만 그것이 지나면 잊혀져가는 가련한 배우"라고 하지 않았는가? 즉 인생은 물거품이며 허수아비와 같은 환상이라는 것이다.

당신은 인간이란 무엇이라고 생각하십니까? 진정으로 인생의 삶이란 무엇일까요? 인생의 삶의 목적은 무엇인가요? 인생의 삶에서 배움이란 무엇일까요? 진실로 깨어 있음과 깨달음이 무얼까요? 당신은 지금까지 허황된 생각으로 살아오지 않았나요? 앞으로도 허황된 생각으로 계속 살아가고 싶나요? 진실이 아닌 거짓된 생각 속에서만 살고 있지 않습니까? 사실의 세계를 발견한 과학(科學)의 토대위에 살고 싶습니까?

앨런불럼은 1987년 미국정신의 종말에서 "진짜지식은 과학뿐이고, 이외의 것들은 모두 사실이 아니라 인간의 간절한 바람을 담은 생각일 뿐이다. 사안을 놓고 사실이 아닌 생각에 근거해서 특정 입장을 취한다는 것은 옳지 않다. 세상에 개인적인 바람을 투영하려 하는 것은 더욱 옳지 않다."고 주장하였듯이 어쩌면 과학적 사실도 변하고 있는 마당에 우리들의 특정한 생활방식이 다른 방식보다 탁월하다고 말할 수 없을 것이다.

생각이 아닌 사실의 과학(科學)에서 에너지를 키우십니까? 생각을 과감히 바꾸는 철학(哲學)의 세계에서 살고 싶습니까? 모든 만물이 연결되고 하나로 통합하는 영성(靈性)의 세계를 열어 함께 호흡하고 싶습니까? 그 의식의 세계를 자신의 일로 통합하고 예술(藝術)로 표현하는 삶을 살아가고 싶습니까? 즉 삶이란 우리 인생을 탐구하고 표현하는 창조의 세계가 아닙니까? 그렇다면 더욱 더 자유롭고 행복한 삶을 살아가야 하지 않겠습니까? 당신은 인생을 걸고 무엇을 가장 절실히 하고 싶습니까?

현대 생물학은 하나의 종이 가진 특성은 절대적 배경이 없으며 모두 상관적이라는 것을 알고 있다. 상대성원리의 아인슈타인은 과학에 의해 기술되는 모든 특성들의 상관적인 관점을 강조하면서 "세계란 시간의 흐름에 따라 진화하는 관계들의 네트워크에 지나지 않는다."고 갈파했으며 종의기원을 주장한 다윈은 생물권을 형성하는 상호작용의 네트워크와 종의 관계에 의해 정의하면서 "더욱 구조화되고 복잡해지는 관계들의 특성에 영향을 미치는 하나의 과정 자연선택이 있다."고 갈파했다. 즉 자연의 진리를 말하고 있다.

생명(生命)이란 무엇인가? 인간은 스스로 그러한 자연(自然)이다. 에너지를 가진 존재로써 발산하고, 우주(宇宙)의 모든 관계들과 상호작용하며 영향을 미치는 네트워크다. 에너지는 흐르고 물질은 순환하는 것이 생태학의 기본개념으로 한번 생성된 에너지는 형태만 바뀔 뿐 총량은 변하지 않고 영원히 존재한다. 즉 자연의 규칙이며 자연선택의 진화이고 자연현상이다. 이것은 달리 생각해보면 생명을 하나의 에너지 흐름으로 볼 수도 있으며 우주의 만물(萬物)은 흐름과 순환에서 모두 하나이다.

우리는 인간이 유기적 생명공동체로서 불완전 하며 하나의 미완성이라는 것을 알고 있다. 그러나 완성으로 나아가기 위해, 즉 존재를 드러내기 위하여 노력한다. 이 과정에서 인간의 탐욕, 성냄, 어리석음의 절정은 절대성을 추구한다. 예를 들어 앎과 지식은 무한정 쌓임으로서 하나의 지식은 될지언정 이것은 진정 깨어남과 깨달음으로 인도하질 못한다. 이러한 절대성들은 더욱 인간 스스로에게 통제와 지시와 명령으로 조건화 시킬 뿐이다.

우주의 원리란 무엇일까? 세계와 세상은 하나의 흐름이요 순환이다. 인간은 작은 우주이다. 즉 인간은 우주의 모든 만물과 하나이다. 그러기 때문에 더 더욱 절대성이 아닌 상대성의 온전한 관계의 네트워크를 통해서 실천과 체험의 통합으로 소통함으로 하나가 되어야 한다. 여기서 통합과 하나란 무엇일까? 깨어남과 깨달음이요. 영성이요 자유이며 탄생이요 사랑이다. 분리가 아니고, 전체와 부분이 하나로 만나는 것이다.

인간적이고 인간적인 진정한 존재이유가 무엇일까? 흐름과 순환은 맞물림이요 연결이다. 만남이요 맺음이다. 전달이요 전파이다. 위대함과 숭고한 사랑을 향한 서로의 에너지가 하나로 어우러질 때 감동과 설렘이 있다. 울림과 떨림이 올 때 행복이요 즐거움과 기쁨이 있다. 이것은 공명의 아름다움이며 의미이자 가치의 진정한 소통이다. 비로소 새로운 완성이며 존재의 드러남이다. 이것은 삶을 통한 영성의 추구요 성찰의 창조로부터 오는 것이다.

역량과 관계의 충실한 만남은 아름다움의 공명이요 영성으로부터 나오는 성과이다. 성찰과 창조는 영성으로 가는 열림과 내려놓음이요 통일성이다. 또한 전체성이요 일원성이다. 완전성이요 일체성이다. 즉 하나다. 이것은 열역학의 2법칙처럼 에너지를 가하지 않으면 높은 곳에 있는 물체는 낮은 곳으로 떨어지며, 뜨거운 물체는 식고, 강은 상류에서 하류로 흘러가듯이 지구상의 모든 일에는 방향성이 있다는 원리이다.

당신은 한국적 지속가능경영 모델을 제시할 수 있는가? 당신과 우리는 왜 지금 영혼의 영성에 대해서 정확한 개념을 가져야 하는가? 절대 종교를 말하고자 함이 아니다. 인간의 강점에 대한 권위있는 분류체계로 세계적 권위가인 피터슨 박사는 3,000년 역사를 통해 종교와 철학관련 서적들의 공통적 미덕과 진리를 세계문화권이 인정하는 공통적 미덕으로 실현이 곤란한 추상적 개념의 6가지 미덕을 주장하였다. "영성과 초월성, 지혜와 사랑, 용기와 정의감, 그리고 절제"를 말하고 있다. 즉 이것은 정확히 영혼의 영성경영 2.0에서 3.0의 세계에서 만날 수 있는 인간의 의식과 감정이다. 그리고 이 책에서 말하는 제1부의 영성경영의 미션과 원칙인 핵심가치를 충분히 설명하고 있다.

우리나라 조선시대의 경주에 최씨부자의 육연(六然)을 통한 삶과 경영은 300년 동안 지속되어 왔지만 일제식민주의로 그 맥을 끊을 수밖에 없는 애통한 사실을 알고 있을 것이다. 다음 장에서 경영의 본질을 다루면서 인류의 성현들의 지혜를 통해서 상세히 분석하기로 하고 여기선 간단히 약하기로 한다. 우선 피터슨 박사와 맹자(孟子)의 개념으로 보면 지혜와 시비지심(是非之心)의 지(智) "과거를 보되 진사이상은 하지마라"절제와 사양지심(辭讓之心)의 예(禮) "재산은 만석이상을 모으지 마라" 사랑과 사양지심(辭讓之心)의 예(禮) "과객을 후하게 대접하라" 정의와 수오지심(羞惡之心)의 의(義) "흉년기에는 재산을 늘리지 마라" 사랑과 측은지심(惻隱之心)의 인(仁) "사방 100리 안에는 굶어 죽는 사람이 없게 하라" 절제와 사양지심(辭讓之心)의 예(禮) "최씨 가문의 며느리들은 시집온 3년간은 무명옷을 입어라"이다.

왜 지속가능할 수 있었을까? 즉 최씨부자의 아름다운 향기는 절제와 용기, 정의, 사랑과 지혜이며 맹자의 인의예지(仁義禮智)다. 이와 같은 아름다운 향기를 영혼의 영성에 실어서 멀리 보낼 수 있었기 때문에 지속가능할 수 있었음을 알 수 있다. 즉 오늘날 경영수준으로 보면 영성경영 2.0~3.0 수준임을 우리는 알 수 있다.

당신과 우리는 이제 어떻게 해야 할까요? 찰스 핸디는 우리에게 묻는다. "인간의 삶이 숭고한 목적을 가질 수 있을까요? 인간이 단지 자기 자신을 초월하는 삶을 추구할 수 있겠습니까? 과연 자연의 선택은 우리 앞에 이런 길을 마련해 놓았을까요? 또 하나님의 목적이 있느냐 없느냐를 과학으로 규명할 수 있을까요?"라고 언급했듯이 매우 심오한 질문이다. 인간은 자연이며 스스로 그러하다.

즉, 인간의 삶과 경영 그리고 조직의 삶과 경영은 흐름이요 순환으로 깨달음의 연속적인 과정일 뿐이다. 당신과 우리는 소중하고 귀중한 삶을 어떻게 살고 싶은가? 마치 달걀이 병아리로 깨어나고, 날개를 달고 부단한 연습을 통해 하늘을 자유롭게 날아가듯이 당신과 우리들은 영혼의 영성과 역량을 갖고 진리와 우주자연과의 관계를 나누고 싶지 않습니까? 삶과 경영이 어떻게 하면 창조적이고 행복할까요? 우리 모두가 자신감과 자존감을 지키면서도 현재 삶과 경영을 즐겁고 기쁘게 하며 이웃과 인류 전체를 향한 사랑과 자비를 베풀 수 있을까요? 이미 우리는 영혼을 가진 위대한 존재임을 인식하자.

〈그림1〉 인간의식과 영성 3.0 / 영성경영 3.0

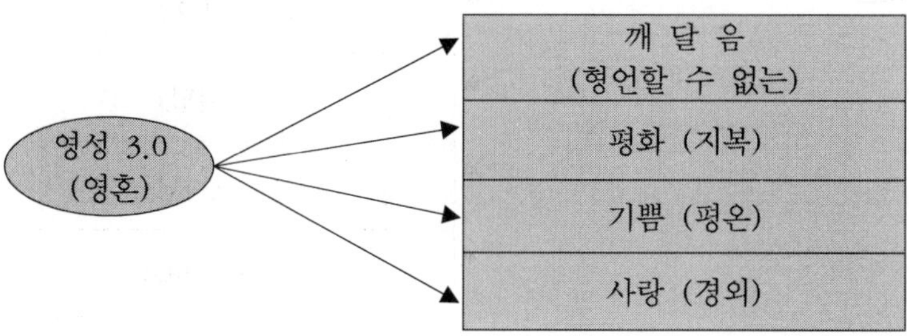

<그림2> 인간의식과 영성 2.0 / 영성경영 2.0

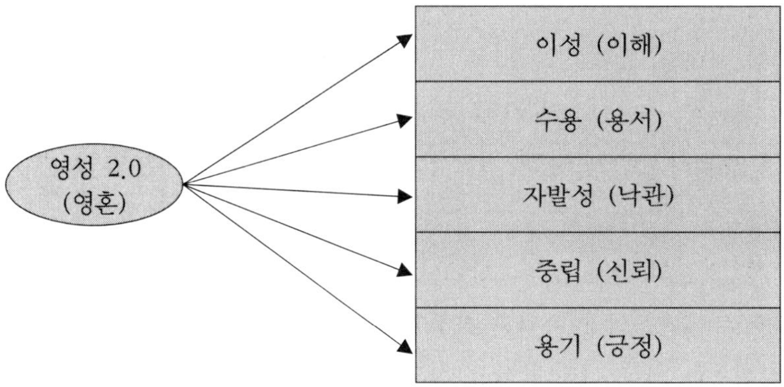

<그림3> 인간의식과 영성 1.0 / 영성경영 1.0

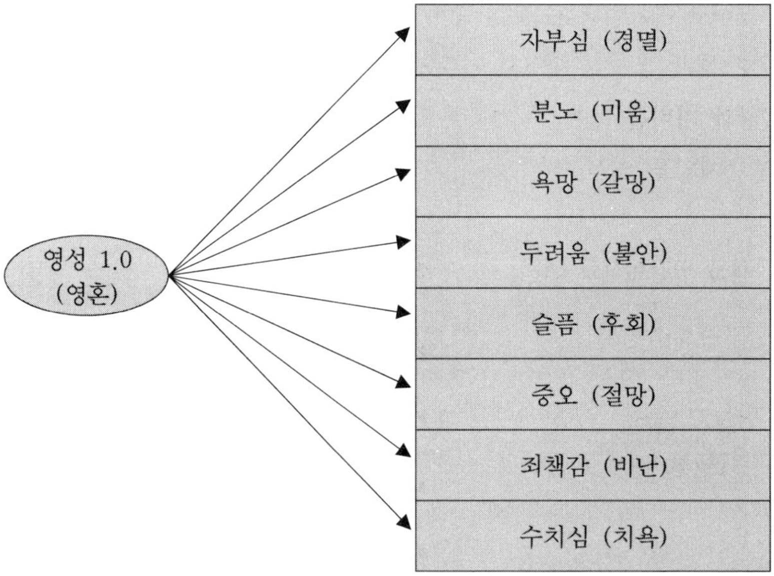

당신이 생각하는 경영이란 무엇인가?

경영과 자연, 우주의 본질은 무엇일까?

경영의 진정한 성공은 무엇일까? 우리는 인생을 어떻게 성공하고 싶은가? 존 맥스웰은 "성공이란 인생의 목적을 깨닫는 것이며 최대한 자신의 잠재력을 발휘해서 성장하는 것, 다른 사람에게 유익한 씨앗을 뿌리는 것이다." 또한 로버트 슐러는 "성공이란 풍요함이다. 건강을 유지하고 창의력을 발휘하고, 가능성을 찾고 남을 도울 줄 아는 풍요함을 가질 때 참된 성공은 오는 것이다. 재산이나 명성은 남을 돕기 위한 수단이 되어야 한다. 이기적인 야심으로 가득 차 있다면 성공한 듯 보이면서도 실패인 경우가 많다."고 언급했다.

초창기 경영에 성공한 선각자들은 생각이 자유롭고 다루기 힘든 인간들을 말 잘 듣고 굽실대는 구성원으로 변화시켜야 했다. 그들은 인간의 자율적 본성을 못마땅하게 여겼다. 이제는 거대한 물줄기를 본래의 방향으로 되돌려야 한다. 누가 이끌고 누가 따를 것인가? 우리는 인간의 타고난 본성과 영성, 불성을 바탕으로 일하고 있다. 그러므로 우리의 목표는 조직을 더욱 더 인간적이고 인간적으로 만들어 가는 일에 노력을 해야 한다. 당신과 우리는 무엇을 하며 어떤 가치를 창출하려고 하는가? 실제 어떤 비즈니스를 하고 있습니까? 누가 봐도 우리의 비즈니스는 진실합니까? 영성이 있는 조직은 지속가능할까?

우리나라 조선시대 경주의 최씨부자는 농사를 통해 나라와 백성을 살리려는 사업보국(事業報國)의 미션을 달성하기 위해 가훈인 핵심가치로 육연(六然)을 실천하여 지속가능한 300년 경영을 가능하게 하였다. 삶과 경영의 신(神)이라 할 만한 최씨부자의 가문(家門)에 대대로 내려오는 육연이란 도대체 무엇인가? 당신은 비결이 무엇이라고 생각하는가? 또 다른 숨겨진 비결은 무엇일까? 사람은 스스로 그러한 자연이다. 그러므로 스스로 그러한 자연의 원리를 따름의 결과인 것이다.

우주와 세상의 이치를 최소한 깨닫기 위한 "과거를 보되 진사이상은 하지마라" 끊임없는 인간의 욕망인 이기심과 소유욕을 자제하기 위한 "재산은 만석이상을 모으지 마라" 그 무엇도 홀로 있을 수 없음을 알고, 세상 곳곳의 살아있는 정보를 진실하게 소통하기 위한 "과객을 후하게 대접하라" 이웃과 사회가 더 불어 함께 살아가고자 의로움과 정당함을 위한 "흉년기에는 재산을 늘리지 마라" 세상의 모든 것은 하나로 연결되어 있으므로 마음을 비우고, 자비로움으로 나눔과 베품을 위한 "사방 100리 안에는 굶어 죽는 사람이 없게 하라" 가문의 가치를 몸소 배우고 익히고, 깨우치게 하려는 습관을 위해 "최씨 가문의 며느리들은 시집온 3년간은 무명옷을 입어라"이다.

경주의 최씨부자! 이 얼마나 인간과 경영의 온전함이요 완전함이며 존재의 드러남인가? 수작이나 술수와 억지를 부리지 않는 스스로 그러함의 무위자연(無爲自然)의 빔(虛)의 도(道)를 노래했던 초(楚)나라의 성인(聖人)인 노자(老子)의 보물(寶物)세 가지가 떠오른다. 사랑함(慈)과 검소함(儉) 그리고 겸허함(不敢爲先)이다. 그의 자연은 산과 계곡, 풀과 나무, 강과 바다가 아니다. 모든 것을 사랑하는 마음이 자연이요. 모든 것을 소중히 하는 것이 자연이요. 모든 것에 겸허함을 가지는 것이 자연이다. 즉 천지의 만물을 사랑하는 것이다.

노자는 도덕경(道德經)에서 "성인(聖人)은 함이 없고, 말이 없음의 가르침을 행하며 만물이 스스로 자라나는데 간섭함이 없고, 만물이 생성하되 소유함이 없다. 성인의 다스림은 마음을 비우고 배를 채우게 한다."라고 갈파하고 있다. 즉, 진실이다. 함이 없음은 위선적이거나 거짓된 행위와 조작되거나 독선적인 행위가 없다는 것이다. 내면이 충실한 사람은 말없이 물 흐르듯 흘러갈 뿐이다. 만물이 생성하되 소유함이 없다는 말은 무슨 의미인가? 아마도 인간과 조직의 비극과 몰락은 자기가 생(生)하는 모든 것을 자기가 소유하려는 데 있음은 주지의 사실이 아닌가?

생은 영원한 과정이다. 그러나 영원에 집착하고 흔적을 남기려 애쓴다. 무소유를 말하는 불교적사유가 바로 이것을 말하고 있다. 마음을 비우고, 배를 채운다는 말은 도대체 무슨 뜻인가? 우주의 심장인 에너지를 배에 채우라는 말이다. 마음은 내가 마음대로 하지 못한다. 뇌중심의 인체해부학을 넘어서 동양의 한의학에서 말하는 오장육부 아니 육장육부의 심포장과 삼초부를 통한 자율신경계인 교감신경계의 태양신경총을 말하고 있다. 우주와 대자연의 본질인 에너지는 인간의 영혼의 영성인 배와 통해있고 가슴과 소통한다.

만물(萬物)의 본성은 무위(無爲)이고, 자연(自然)이며 자유(自遊)임을 이야기했던 성인(聖人) 장자(莊子)가 생각난다. "자연이란 무엇인가? 소의 네발이다." 네발은 소를 얼마나 편안하게 하는가. "문화란 무엇인가? 소의 코뚜레다." 소의 코뚜레는 소를 얼마나 힘들게 얽어매고 아프게 하는가? 소의 코뚜레는 유위이며, 소의 네발은 무위요 자연이며 자유다. 무위는 자연스러움과 자유스러움이다. 자유는 상대적이지 않고 절대적이다. 즉 자유(子游)롭게 노니는 것이다. 무위가 아닌 인위는 분별하고 말을 앞세우고, 시비하고 저울질하며 편을 짜고 싸움을 하며 이기고 소유한다. 자연은 귀천이 없고 선악의 분별이 없으며 얕볼 줄 모른다. 만물은 다 같으며 둘이 아니고 하나요. 천지의 주인은 사람이 아니고 모두 다.

장자는 소요유(逍遙遊)에서 "지인(至人)에게는 자기란 것이 없고, 신인(神人)에게는 공적이란 것이 없으며 성인(聖人)에게는 명예라는 것이 없다."고 갈파하고 있다. 즉 자기와 공적, 그리고 명예를 앞세우지 말라는 말씀이다. 왜 그런가? 사람과 조직을 불행하게 만들기 때문이다. 만일 천지의 본모습을 따르고, 자연의 변화에 따르며 무한의 세계에서 노닌다면 도대체 무엇을 의존할 필요가 있겠는가? 그러므로 지인에게는 자기가 없고, 신인에게는 공적이 없으며 성인에게는 명예가 없는 근본적인 이유이다. 어떻게 해야 자기와 공적을, 그리고 명예를 앞세우지 않고, 흐름과 순환에 따라 삶과 경영을 다 할 수 있을까?

경주의 최씨부자! 이 얼마나 영혼의 깨어남과 깨달음을 통해서 나오는 자비로움과 사랑의 극치인가! 노자보다 스무 살이 적었으며 천하를 주유하며, 태평성대(太平聖代)를 갈파했던 성현(聖賢) 공자(孔子)의 호학(好學)과 극기복례(克己復禮) 인(仁)이 생각난다. 학문(學文)이란 인간이 출세와 권세를 위함이 아니고, 인간이 되기 위함이다. 극기란 나를 앞세우거나 주장하지 말고 남의 입장을 생각하는 육십이순(六十耳順)이 아닌가! 공자가 예순에 깨달은 바가 이순인데 이 얼마나 도달하기 어려운 경지인가? 나를 극복해서 예(禮)로 돌아가 남과 더불어 살줄 아는 사랑의 인(仁)을 말하고 있다. 즉 사람을 사랑하라는 것이다.

공자는 논어(論語) 리인(里仁)편에서 "이익에 따라서 행동하면 원한을 사는 일이 많아지며, 군자(君子)는 의(義)리에 밝고 소인은 이(利)익에 밝다. 마을의 풍속이 인(仁)하다는 것은 아름다운 것이다. 인한 마음을 잘 골라서 거처하지 않는다면 어찌 지혜롭다 하겠는가? 인하지 못한 사람은 오랜 동안 곤궁하게 지내지도 못하고, 오래도록 안락하게 지내지도 못한다. 인한 사람은 인을 편안히 여기고 지혜(知慧)로운 사람은 인을 이롭게 여긴다. 부유함과 귀함은 사람들이 바라는 것이지만 정당한 방법으로 얻은 것이 아니라면 그것을 누려서는 안 된다. 가난함과 천함은 사람들이 싫어하는 것이지만 부당하게 그렇게 되었다 하더라도 억지로 벗어나려 해서는 안 된다. 군자(君子)가 인(仁)을 버리고 어찌 군자로서의 명성을 이루겠는가? 군자는 밥 먹는 순간에도 인을 어기지 말아야 하고 아무리 급한 때라도 반드시 인에 근거해야 하고 위태로운 순간일지라도 반드시 인에 근거해야 한다."고 갈파했다.

우리에게 맹모삼천지교(孟母三遷之教)로 널리 알려진 성인(聖人) 맹자(孟子)가 생각난다. 천하를 주유하며 왕도(王道)를 직언하며, 인간의 본성은 선(善)하므로 사랑해야 하며 이(利)보다는 의(義)를 앞세워야 한다고 갈파했다. 즉 부끄러움을 알아야 하며 다스림이란 군림하는 것이 아니라 지극한 사랑과 나눔과 배품이요 돌봄이다. 선은 생명과 삶을 소중히 하는 인(仁)이며 덕(德)이다. 악을 물리치는 것은 성(誠)이며 이를 실천하기 위한 선을 가르치고, 물질을 베푸는 충혜(忠惠)와 마음씀씀이를 소중하고, 물질의 씀씀이를 소중히 아껴 쓰는 마음가짐인 공검(恭儉)을 중요시했다. 즉 선한 마음은 공손하고 겸허하다.

맹자의 양혜왕장구 상(梁惠王章句 上)편에서 보면, 위(魏)나라 왕(王) 양혜왕이 맹자에게 물었다. “내 나라를 이롭게 하는 것이 또 있습니까?” 그러자 맹자는 “어찌 하필이면 이(利)익을 말하는 것입니까? 오히려 사랑(仁)하는 것과 부끄러워(義)하는 것이 있을 뿐입니다. 임금이 어떻게 하면 나라를 이롭게 할 수 있을 것인가를 말하면 신하는 어떻게 하면 제 문중을 유익하게 할 것인가를 생각할 것이고, 백성들은 어떻게 하면 자신을 유익하게 할 것인가를 생각하게 됩니다. 위아래가 이(利)익 다툼을 벌이면 나라는 위태로워지고 말뿐입니다. 만일 의(義)를 뒤로하고 이(利)를 앞세운다면 빼앗지 않고서는 아무도 만족하지 못하게 될 것입니다. 어질면서도 제 어버이를 버린 자는 아직 없었고, 의로우면서도 제 왕을 배반한 자는 아직 없었습니다. 왕께서도 다시 한 번 인의(仁義)를 생각해야지 왜 이(利)를 말하는 것입니까?”라고 갈파한다.

삶의 최고의 가치로 생각했던 진리와 지혜는 학문으로서는 얻을 수 없으며 적극적인 덕행 속에서 스스로 체득된다고 주장한 사람, 다른 사람들이 스스로 자신이 지혜로운 사람으로 생각하고 있지만 분명히 그렇지 않다는, 그들은 아는 체하고 있었지만 실제로 아무것도 모르고 있기 때문에 그들이 모르는 것을 폭로시킬 수밖에 없었던 성현(聖賢), “너 자신을 알라.”로 유명한 소크라테스의 선(善)과 지혜(知慧)와 의(義)로움이 생각난다. 그는 플라톤의 소크라테스의 변명 편에서 다음과 같이 갈파하고 있다.

"만일 당신이 보다 사회에 이바지할 수 있는 사람이라면 무슨 일을 할 때 그것이 옳은 일인가? 옳지 않은 일인가? 선한 사람이 할 인가? 악한 사람이 할인가? 하는 것만을 생각해야 합니다. 오래 살 수 있는가? 죽게 될 것인가? 하는 문제만 생각해서는 안 됩니다. 죽음을 두려워한다는 것은 지혜가 없으면서 있다고 생각하고 있기 때문입니다. 즉 죽음을 알지 못하면서 알고 있다고 생각하고 있기 때문입니다. 죽음이란 어떤 면에서 사람들에게 가장 큰 선일지도 모릅니다. 그런데 그것을 죄악 가운데서 가장 큰 것이라고 믿고 있는 듯이 무서워합니다. 알지 못하면서 알고 있는 듯이 생각하는 것은 가장 비난받아 합당한 무지가 아니겠습니까." 그는 자살을 죄악시했으며 오로지 신이 와서 데려가는 것이 합당하다고 했다.

"세상에서 가장 뛰어난 시민인 여러분들은 지혜나 힘에 있어서 가장 뛰어나고 가장 이름을 날린 아테네 국민으로서 어떻게 하면 더 많은 돈을 자기 소유로 만들 수 있을까? 하는 데만 또는 명성이나 지위에 대하여만 머리를 쓸 것이 아니라 정신을 훌륭하게 기르는 데 힘을 기울이지 않는 것을 부끄럽게 여겨야 할 것입니다. 내가 지금까지 돌아다니며 한 일은 다음과 같은 것입니다. 즉 여러분들 중에 젊은이나 노인이나 어떤 분에게나 될 수 있는 대로 정신적으로 훌륭한 분이 되게 하기 위하여 정성을 기울이고, 그보다 먼저 신체나 돈에 관하여 마음을 써서는 안 된다는 것을 설득시키려고 하였습니다. 돈에서 덕(德)이 생기는 것이 아니라 덕으로 말미암아 돈이나 그 밖의 모든 것이 개인적으로나 공적으로나 사람에게 이익을 가져다주게 된다." 즉 돈보다는 덕이 나오는 영혼의 영성을 소중히 하라는 것이다.

"여러분. 내 자식이 성장하여 어른이 된다면 내가 여러분을 괴롭힌 것과 마찬가지 방법으로 그들을 괴롭혀서 복수를 하십시오. 만일 그들이 덕을 쌓기보다 돈이나 그 밖의 다른 것에 관심을 쏟는다면 그리고 또 아무것도 취할 것이 없는데 잘난 체 뽐낸다면 내가 여러분에게 한 것 같이 유의할 곳에 유의하지 않고, 아무런 가치도 없는 곳에 마음을 쏟으며 우쭐거리는 그들의 잘못을 책망해 주십시오. 여러분께서 이와 같은 일을 해 주신다면 여러분에게 옳은 대접을 받는 것이 될 테니까요." 여기서 소크라테스가 여러 사람들을 괴롭혔다는 말은 무엇인가? 무엇을 복수하라는 말인가?

"이렇게 말하는 것이 약간 쑥스럽습니다만 나는 신이 이 나라에 살도록 보냄을 받은 사람입니다. 마침 여기 한 마리의 말이 있다고 합시다. 그 말은 몸집이 크고 혈통이 좋지만 너무 크기 때문에 어느 말보다 오히려 둔하므로 언제나 깨어 있게 하기 위해서는 등에가 필요한 것입니다. 그런데 신은 나를 마치 등에처럼 이 나라에 붙어살면서 여러분을 일깨우고 진종일 어느 곳에나 따라다니면서 여러분을 설득하고 비판하는 일을 그치지 않게 하려는 것이 아닌가 하고 나는 생각합니다."라고 갈파하면서 괴롭힘의 진실한 이유는 깨어 있게 함을 말하고 있다. 당신과 우리도 깨어남과 깨달음으로 복수해야 하는 것이 아닌가?

당신이 생각하는 영혼 있는 리더는 누구인가?

인간과 경영, 자연의 본질은 무엇일까?

우리는 경주 최씨부자의 지혜로움에 숨을 죽인다. 육연(六然)은 너무나 간결하고 평범하지만 이미 평범하지가 않다. 왜 평범하지 않은가? 자연스러운 여섯 가지를 말함에 있다. 자연스러움 그 자체에 비밀이 숨겨져 있다. 비밀은 무엇인가? 도(道)에 가깝다. 도(道)란 무엇인가? 우주요 자연이다. 공(空)이요 빔(虛)이다. 존재(存在)요 진리(眞理)이다. 성인(聖人)이요 군자(君子)다. 영혼이요 영성이다. 무아요 무심(無心)이다. 본질이요 생명이다. 본성이요 여여다. 하나요 소통이다. 전체성이요 자발성이다. 중용(中庸)이요 무조건성이다. 중심(中心)이요 무언이다. 무위요 무(無)다. 자유(自遊)요 인(仁)이며 의(義)다. 중국에 옛 부터 전해지는 말에 "완벽한 경지에 오른 음악가는 악기를 버리고 완벽한 경지에 오른 궁수는 활과 화살을 버린다."라는 말이 있듯이 경주 최씨부자는 인간세상에서 신(神)들처럼 노닐다 돌아간 신선(神仙)들이 아니었을까? 인간의 삶과 조직의 경영에 있어 신(神)이다.

노장(老莊)과 공맹(孔孟)의 사상(思想)과 철학(哲學)을 꿰뚫고 있는 진리(眞理)가 아닌가? 인류의 성현(聖賢) 노자와 장자, 그리고 공자와 맹자의 외침은 시대적으로 어떠했는가? 모두 힘으로 천하를 정복하고, 소유하려는 전쟁을 부추기고 일삼았던 군왕들의 욕망과 신하들의 야망 때문에 쇠귀에 경을 읽어주는 꼴로 메아리 없는 외침일 뿐이었다. 전쟁을 통한 무수한 학정(虐政)과 흉년으로 비참하고 참담했으며 암울하고 파리 목숨과 같았던 백성들의 삶이야 어떻든 패권국가가 되기 위한 춘추전국(春秋戰國)시대였다. 지금 글로벌 자본주의 시대의 국가와 기업은 어떠한가? 이미 총성 없는 무한 경쟁이요 영혼의 영성이 없는 과학과 기술의 물질화 시대다. 옛날이나 지금이나 별반 차이가 없다.

무한질주 하는 욕망의 전차에 브레이크가 고장난지 벌써 오래다. 이제 진정한 성찰을 통해 나를 바로알고 우리와 조직을 바로 아는 지혜가 필요하다. 옛날이나 지금이나 문제는 이(利)와 욕(欲)이다. 노자는 자연이요. 장자는 자유이다. 공자는 인이요. 맹자는 의로써 해결하라고 한다. 즉 노자는 사기(舍己)로 자기를 버려라, 장자는 무기(無己)로 자기를 없애라, 공자는 자신을 수기(修己)로 닦아라, 맹자는 수기(守己)로 자기를 지키며 소크라테스는 자신에 진다는 것은 분명히 무지이며 자기 자신을 이긴다는 것은 반드시 지혜라고 하였다. 이렇듯 성현들은 한 결 같이 남보다 먼저 자신을 들여다보고 자기완성을 이루라고 말하고 있으며 나아가 사람을 사랑하고 경영을 바르게 하는 지혜의 길을 말하고 있다.

경주의 최씨부자의 인간과 경영은 온전함과 완전함이요 존재의 드러남이다. 이 얼마나 영성의 깨어남과 깨달음을 통한 아름다움의 극치가 아닌가! 절대로 쉽지 않은 엄격한 수도(修道)와 수양(修養)의 자세이다. 감히 더 이상 설명하지 않아도 누구나 감동과 설렘을 울림과 떨림을 주며 심금을 울린다. 사회공헌의 절정기였던 마지막 경주의 최씨부자 최준은 "재물은 분뇨와 같아서 한곳에 모아두면 악취가 나 견딜 수 없고, 골고루 사방에 뿌리면 거름이 되는 법이다."를 가슴에 세기며 암울했던 조국의 독립운동을 도왔다.

지금의 영남대인 전신 대구대와 청구대를 설립, 상해임시정부 평생자금지원, 조선국권회복단 및 대한광복회 자금제공을 하며 조국의 광복을 위해 애썼다. 나라가 망하지 않았다면 지금 몇 년째 내려왔을까? 그리고 미래에도 영원히 지속가능하지 않을까? 오늘날 지속가능한 기업을 꿈꾸는 조직들은 이미 풍요로운 창조적 자본주의를 실천했던 경주최씨 부자의 핵심가치의 실천행동을 보면서 더 이상 미래를 위해 현재를 희생하지 않는 평상심과 내면에 존재하는 무한한 에너지의 생명력을 인식하고, 가꾸고 성장시켜야 한다.

진리(眞理)란 무엇인가? 빛이요 본질이며 생명이고 영성이다. 무한함과 전능한 힘에 연결되는 것이다. 우리는 이미 스스로 태양 같은 강력한 빛을 낼 수 있는 힘을 갖고 있지 않은가? 인류에 대한 성공한 조직과 사람은 위대한 영적 깨달음을 얻을 때만이 가능하다. 그들의 위대하고 숭고한 성취는 깊고 온화한 참된 영혼의 영성에서 온다. 이것은 단순한 부와 단순한 권력의 힘이 아니다. 영혼의 영성이 만들어 내는 것은 의식이며 생명력이고 창조이다. 이러한 생각의 씨앗을 가슴속에 품고, 강력한 감정이 우주와 대자연의 사랑을 먹으면서 자라고 커지고 성장하면서 무한한 생명력을 발산하게 될 것이다.

당신은 경주의 최씨부자의 삶과 경영을 통해서 무엇을 배우고 싶은가? 경주최씨 부자의 보이지 않는 마음의 세계를 통찰하는 교훈을 잊지 말자. 당신은 그들의 위대한 사상과 인생의 지혜로운 삶을 통해 경영의 근본을 깨달으며, 당신이 그에 따른 위대하고 숭고한 감정을 느낄 때 영혼의 영성은 더 높은 것의 가치를 향해 우주의 대자연의 모든 것을 끌고 올 것이다. 중요한 것은 눈에 보이지도 않으며 자랑하지도 않는다. 새뮤엘 스마일즈는 "수 만평의 땅을 물려받아도 지식과 지혜는 물려받지 못한다. 부자는 사람을 사서 일을 시킬 수는 있어도 자기대신 생각하게 할 수는 없거니와 자기수양은 돈으로 살수 없다."고 갈파했다.

성숙한 인간이었으며 무엇보다 인간의 가능성과 가치를 제대로 알았던 찰스 해냄은 "우리의 본질이 당신 안에 있음을, 당신자신임을 인식하기 시작할 때 당신은 자신의 힘을 느끼기 시작할 것이다. 그 힘은 상상력에 불을 영감의 횃불에 불을 생각에 활력을 당신은 우주의 보이지 않는 모든 힘과 연결된 것이다. 우리의 마음을 우주의 마음에 맞춘다. 만물이 하나임을 인식하고, 모든 힘이 내부에서 나옴을 인식하면 영감의 원천을 열게 된다."즉 이러한 사실을 먼저 지성(지식)으로 이해하고, 감성(감정)으로 체험하고 생활하면 우리는 이 무한한 힘, 영혼의 영성이라는 샘물 속에서 지혜의 물을 마실 수 있다.

기업과 조직은 지속가능할 수 없다. 영원은 물질세계에 존재할 수 없지만 시작도 끝도 없는 인류의 마음속에 영원에 가까운 조직을 남기고 세울 수는 없을까? 궁극적으로는 노장과 공맹처럼 시공을 초월하는 삶을 살 수 있을까? 그것이 정말 가능할까? 가능하다. 물질세계가 아닌 인간의 생명력인 영혼의 영성이 있기 때문에 가능할 것이다. 아무리 많은 지식을 축적한다 한들 우리를 변화시키지 못한다. 삶과 경영의 근본적 변화는 사물의 본질을 꿰뚫는 지혜의 영역이기 때문이다. 그것이 바로 영혼이요 영성이다. 그 어느 때보다도 인간에 대한 경영에 대한 사회에 대한 따듯한 성찰과 창조가 필요하다. 당신과 우리 모두 위대함을 향한 열정과 사랑을 갖자.

21세기 경영은 소유와 독점을 넘어선 관계와 공유, 상생(相生)과 협동에 있지 않을까? 인본주의와 인간중심(人間中心)을 넘어선 자연(自然)과 만물(萬物)중심으로 운행(運行)되어야 하지 않을까? 무모한 경쟁에서 함께 더불어 살아가는 지혜(智慧)의 21세기 지속가능한 영성경영모델을 제시하고자 한다.

〈그림4〉 지속가능한 영성경영 모델

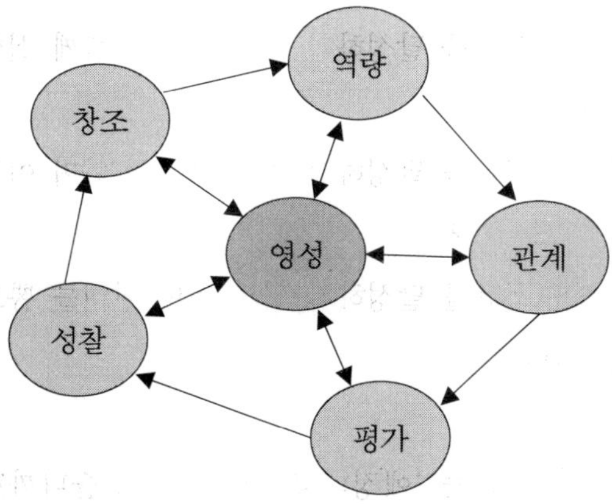

영성 우리는 '누구이며 지금 어디로' 가고 있습니까?

1. 당신은 누구이며 무엇을 위해 이 세상에 왔습니까?
2. 당신의 영혼과 심장을 움직이는 가장 소중한 가치는 무엇입니까?
3. 당신은 미션을 추구하기 위해 지금 어디로 가고 있습니까?

역량 나와 우리는 '무엇으로 어떻게' 가고 있습니까?

4. 당신은 비전을 달성하기 위해 무엇으로 어떻게 가고 싶습니까?
5. 당신은 목표를 달성하기 위해 무엇에 집중하고 어떻게 행동할 것입니까?
6. 당신은 목표를 달성하기 위해 실행해야 할 구체적인 실천 계획은 무엇입니까?

관계 나와 우리는 '누구와 함께' 가고 있습니까?

7. 당신은 목표를 달성하기 위해 누구와 함께 실행하고 있습니까?
8. 당신은 목표를 달성하기 위해 무엇을 하며 어떻게 소통하고 있습니까?
9. 당신은 목표를 달성하기 위해 어떤 인재를 뽑고 육성하고 있습니까?

평가 나와 우리는 '예정대로 잘' 가고 있습니까?

10. 당신은 성과창출을 위해 어떤 행동을 하고 있습니까?

11. 당신은 보다 나은 성과창출을 위해 어떤 코칭을 받고 있습니까?
12. 당신은 성과창출을 위해 무엇을 기여하고 있습니까?

성찰 나와 우리는 '지금 어디에 와' 있습니까?

13. 당신은 성과창출에 대해 어떠한 보상을 받고 있습니까?
14. 당신은 미션과 비전에 대해 얼마만큼 도달했습니까?
15. 당신은 비전과 목표를 위해 익숙한 것과 이별할 수 있습니까?

창조 나와 우리는 '지금보다 다르게' 할 수 있습니까?

16. 당신은 미션과 비전달성을 위해 무엇을 학습하고 창조하고 있습니까?
17. 당신은 미션과 비전달성을 위해 무엇을 실험하고 창조하고 있습니까?
18. 당신은 미션과 비전달성을 위해 무엇을 혁신하고 창조하고 있습니까?

자! 이제. 진리를 찾기 위한 길, 완성을 위해 가야 할 길, 변화의 영원한 진리를 향한 도전과 열정의 한 걸음을 내딛어 보자.

"자신의 내면에 존재하는 신에게 정성을 들여
진심으로 섬기면, 그것으로 충분하다는 사실을 모르는 사람보다
더 한심한 것도 없다. 그대의 영혼은 자존할 줄을 모르고
타인들의 영혼 속에서 축복을 찾으려고 한다."

마르크스 아우렐리우스

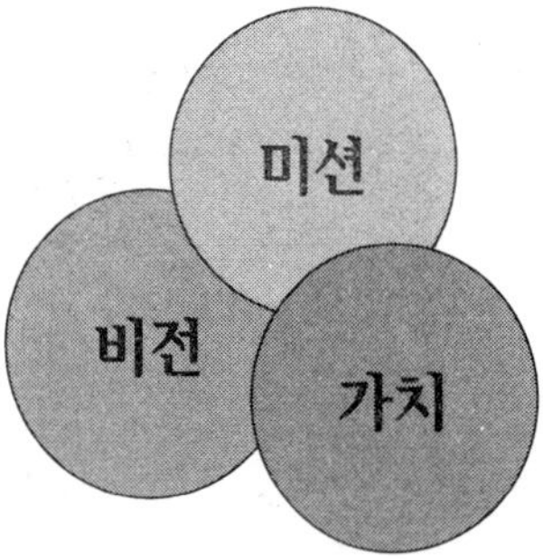

제1부

영성경영

나와 우리는 누구이며 어디로 가고 있는가?

<칼 구스타프 융; Carl Gustav Jung, 1875-1961>

"인간은 단순한 생활필수품만으로는 만족하지 못하고 더욱 더 많은 것을 갈구하며 내면에서 그만큼 나아지거나 미화하지 않으면 소용이 없다. 즉 인간은 영혼의 갈증이 채워지지 않으면 결국 가장 심각한 불균형이 초래된다는 것을 깨닫지 못한다."

"나의 생애는 무의식의 자기실현의 역사이다. 무의식에 있는 모든 것은 사건이 되고 밖의 현상으로 나타나며, 인격 또한 그 무의식적인 여러 조건에 근거하여 발전하며 스스로를 전체로서 체험하게 된다. 이 우주에는 집합적 무의식(초의식)이라는 광대무변한 층이 있고 이것이 인간뿐 아니라 자연과 물질을 포함한 모든 것을 감싸고 있다."

"비판적 이성이 지배하면 할수록 인생은 그만큼 빈곤해진다. 그러나 무의식과 신화를 우리가 의식하면 의식할수록 우리는 더 많은 삶을 통합할 수 있다. 우리가 인류를 한 개인으로 볼 때, 우리는 인류가 무의식의 힘에 의해 끌려가는 사람과 같음을 알게 될 것이다."

"오히려 눈에 보이지는 않고 설명되지는 않는 세계가 우리 가까이에 있고, 그리고 그 세계가 우리를 인도한다. 자아의 세계 안에서의 이성이라는 것은 지극히 불완전하기 때문에, 우리의 이성으로는 마음의 전체성을 결코 파악할 수 없다."

"집단무의식이 곧 신(神)들과 영(靈)들의 세계이다. 거기에는 어떤 지적인 곡예도 필요하지 않다. 다만 인간의 전 생애, 어쩌면 완성을 위해 한 걸음씩 다가가는 무수히 많은 생들이 있을 뿐이다."

"꿈이야말로 현대인에게 있어서 어느 것과도 비교할 수 없는 가장 근본적이고 고귀한 가치를 지니고 있으며, 의식적인 이성이 자신의 미래를 알아보지 못하는 어두컴컴한 순간일 지라도 인간의 무의식은 정확히 미래를 볼 수 있다."

제1장

미션(Mission)

미션은 당신의 영혼 깊은 곳에서 들려오는 운명의 빛이요. 진리이며 생명의 소리다. 그러므로 빛과 진리와 생명의 소리를 만나는 사람은 세상에 온 존재의 이유가 명쾌하므로 인류의 위대한 문화를 창조할 수 있다.

당신은 누구이며 무엇을 위해 이 세상에 왔습니까?

일찍이 아브라함 매슬로는 "자기 자신과 완전한 평화를 누리고자 한다면 음악가는 음악을 할 수밖에 없고, 화가는 그림을 그릴 수밖에 없으며, 시인은 시를 쓸 수밖에 없다. 인간은 자신이 될 수 있는 것, 바로 그것이 되어야 만 한다. 이것이야 말로 바로 인간의 자기실현 욕구다. 다시 말해 이것은 인간이 자기 안에 잠재된 것들을 실제로 이루려는 경향, 자신이 될 수 있는 모든 것이 실제로 되려는 경향이다." 즉 인간의 삶과 경영은 자기(Self)를 알아가는 사랑이요 자유요 행복임을 깨닫는 의식의 변화과정인 것이다. 선재지아구독(先在知我求獨)과 공아존물(空我存物)이다. 먼저 자기를 알며 독립을 구하고, 나아가 자기를 비워 만물의 생존을 위해야 한다. 당신은 누구이며 무엇을 위해 이 세상에 왔습니까?

당신은 당신의 인생을 살고 있는가? 당신과 우리는 모두 자신이 아닌 다른 것이 되려고 몇 번이고, 헛된 고생을 하다가 결국은 절망하고, 자신의 내면으로부터 올라오는 자존심이 상하진 않았습니까? 이제 우리는 자신이 누구인지 무엇이 될 수 있는지를 알아야 한다. 자기가 아닌 다른 어떤 것을 염원하거나 가장하는 것은 부질없는 일이다. 왜냐하면 이 지구상에 존재하는 모든 사람이 다 다른 존재이유 때문이다. 우리 생애의 씨앗들이 탄생의 초기부터 거기에 있었듯이 우리는 모두 최선의 자기가 되어야 할 과제를 안고 있다.

다이아몬드와 진주는 인간에 의해서 발견되고 만들어진 참 아름답고 값비싼 물질이다. 어쩌면 값으로 매겨질 수 없다. 이들의 특성은 무얼까? 영구히 변하지 않는 다는 것이다. 이 세상에서 절대로 서로 같지도 않으며 변하지 않는 존귀한 당신과 우리들의 존재도 바로 이와 같다. 즉 영성(불성)의 영혼을 갖춘 인간으로서 온 세상과도 바꿀 수 없는 스스로 그러한 자라는 사실은 변하지 않는다는 사실이다. 왜 오늘날 인문학에 큰 관심을 가질까? 즉 스스로가 바로 주인임을 알아야 한다. 그런데 이것은 깨어 있을 때만이 진실로 알 수 있다.

당신과 우리가 깨어나야 하는 이유가 무엇인가? 지금도 결코 늦지 않다. 최고가 아니면 기회가 없을 것인가? 공장규격품처럼 자로 잰 듯 규격화된 성공을 위해 달리고 있는가? "네가 진정 살아 있다면 삶의 본질을 찾아봐. 삶은 두 번 다시 못 볼 손님이야"라고 인도의 영혼 카르비는 말한다. 인간은 누구나 잠재력을 품고 있고, 재능과 능력을 지니고 있기 때문에 이러한 역량은 목적을 통해서 특정한 방향으로 이끌어야 한다. 자기 자신이 이미 영적인 존재임을 인식하고, 책임을 받아들이면 타인은 당신에게 영향력을 발휘하지 못하게 되며 그것이 바로 진정한 목적을 추구할 자유이고 힘이다.

진정한 미션은 무엇인가? 자유요 존재요 목적이다. 목적은 영구적이며 스스로 존재하는 것. 우리 삶의 모든 과정을 엮어나가는 기본적인 틀이 된다. 과거와 현재, 미래에 항상 존재하고 또 영원히 존재하는 것이 목적이며, 목적은 방향성이고 어쩌면 도달 할 수 없는 상당히 거창한 우리의 존재이유다. 목적은 우리의 육체와 마음 그리고 영혼처럼 활기차고 긍정적인 생명력으로서 원칙과 비전의 성장 동력을 필요로 한다. 또한 목적은 가치를 지키려는 순수한 영혼의 뜻이며 꿈과 비전은 목적의 씨앗에서 사랑을 먹고 성장한다.

인생에서 가장 중요한 것은 무엇인가? 정의를 내리기 위해서 천국에서 다섯 명의 유대인이 진지하게 의논을 하고 있었다. 첫 번째, 모세가 자기의 머리를 가리키면서 "인간에게 있어서 가장 중요한 것은 옳은 것과 그른 것을 판단하는 것이요. 그것을 염두에 두고 신(神)을 아는 것입니다." 두 번째, 예수 그리스도는 가슴을 가리키면서 "인간에게 있어서 가장 중요한 것은 사랑이오." 세 번째, 카를 마르크스는 위장을 가리키면서 "인간에게 있어서 모든 욕망은 여기가 가득 채워져 있는가? 아닌가에서 생겨납니다." 네 번째, 프로이드는 좀 더 아래쪽을 가리키면서 "인간의 욕망의 근원은 여기에 있소. 여기." 다섯 번째, 아인슈타인은 "아니오. 모든 것은 상대적입니다." 즉 인간의 욕망은 갖가지인 것이다.

당신의 미션에 아름다운 영혼이 숨어있는가? 정말 위대하고 존경받는 기업을 만들고 싶은가? 무엇이 조직과 우리를 영원의 몰입의 행동으로 이끌까? 미션은 아주 오랜 시간을 들여서 깎아내고 다듬으며 만들어 가는 것으로 눈으로는 안 보인다. 이제 더 이상 카피하고 모방할 문제가 아닌 본질적 이유다. 미션은 다이아몬드와 진주보다 그 이상이다. 지금까지 눈으로 보이는 손으로 잡히는 세계만이 고집해온 이유다. 미션 속에는 아름다운 영혼을 감추고 있는데 이것을 보려면 마음으로 봐야 하는 것이다. 우리가 눈으로 보고 있는 것은 껍질에 불과할 뿐이며 정말 중요한 것은 눈에 보이지 않기 때문이다. 이제부터 구성원들의 영혼이 중요해지는 이유다.

생텍쥐페리의 어린왕자는 "사람들은 급행열차에 서둘러 몸을 실지만 자신들이 정작 무엇을 찾으러 가는지는 몰라. 그러면서도 불안해하고 늘 같은 자리를 맴돌 뿐이야. 다 소용없는 일인데. 하지만 그들이 찾고 있는 건 단 한 송이의 장미꽃이나 한모금의 물에서도 발견될 수 있는 거야. 하지만 눈으로는 볼 수 없어 마음으로 봐야 해", "자신들이 무얼 찾는지 알고 있는 건 어린아이들뿐이에요 아이들이 헝겊으로 만들어진 인형을 위해 많은 시간을 소비하죠. 그리고 그 인형은 아이들에게 매우 소중한 존재가 되고요. 그러니 누군가 그걸 빼앗으면 울음을 터뜨리는 거라고요." 즉 어린이들이 인형을 소중하게 여기는 것은 다이아몬드가공이 그렇듯 인형을 위해 많은 시간을 소비했기 때문이다.

왜 당신과 우리가 존재하는가? 미션은 존재이유다. 나와 우리는 누구를 위해 존재하는가? 나와 우리는 누구에게 무엇을 제공하려고 존재하는가? 어린왕자는 "사람들은 누구나 별을 가지고 있어 하지만 다 같은 별은 아니야. 어떤 사람에게는 그저 하늘에서 빛나는 희미한 불빛에 불과하지만 여행자에게는 훌륭한 길잡이가 되고, 학자에게는 연구의 대상이 되기도 해. 내가 만난 사업가에겐 별이 재산이기도 했어. 하지만 그 별들은 모두 침묵을 지킬 뿐이야. 아저씨는 누구도 갖지 못한 아저씨만의 별을 갖게 될 거야" 즉 당신은 당신만의 별을 가지고 있는가? 죽은 뒤에 어떤 사람으로 기억되고 싶은가?

당신의 경영이념은 무엇인가? 삶과 경영을 이끄는 나침판이며 철학과 이념, 이상을 묻고 있는 것이다. 인간의 의식차원이며 영성의 영혼차원을 살펴보자. 영성 1.0은 잠재의식으로 비즈니스의 가장 기본적인 의식 상태로 자기의 이익을 극대화시키려고 이익을 위해서는 무엇이든 그 목적을 달성하려고 하는 것으로 이해타산을 중요시하는 주관적인 의식이다. 영성 2.0은 자기의식으로 효율과 상황분석을 중시하는 이성적, 과학적, 합리성을 중심으로 자기욕망을 절제하고, 사회와의 조화를 유지하려는 객관적 의식이다. 영성 3.0은 집단 무의식, 순수의식으로 근원적이며 진실에 대한 것을 중요시하는 자기영혼에 대한 물음으로 우주적인 마음이요 의식이다. 즉 위대한 기업과 사람은 위대한 영적 깨달음을 얻었을 때이며 모든 위대한 성취는 높고, 참된 영적인 에너지에서 나온다.

〈그림5〉 경영이념과 인간의 의식차원

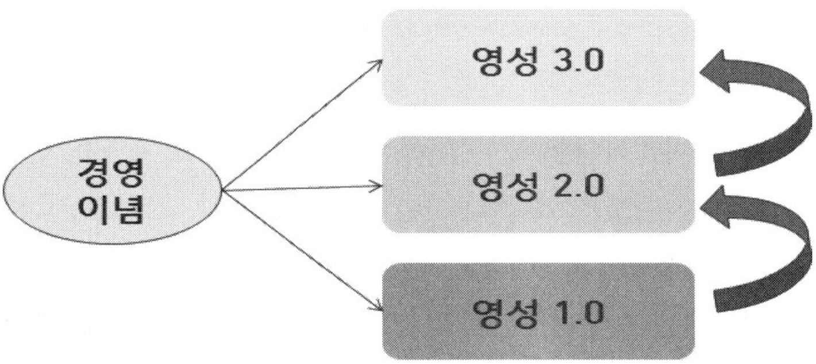

당신의 리더십과 경영성과는 무엇인가? 인간의 마음과 영혼의 창조적 활동에서 의식과 감정을 살펴보자. 영성경영 1.0의 경영성과는 수치심(치욕), 죄책감(비난), 무감정/증오(절망), 슬픔(후회), 두려움(불안), 욕망(갈망), 분노(미움), 자부심(경멸)이다. 영성경영 2.0의 경영성과는 용기(긍정), 중립(신뢰), 자발성(낙관), 수용(용서), 이성(이해)이다. 영성경영 3.0의 경영성과는 사랑(경외), 기쁨

(평온), 평화(지복), 깨달음(형언할 수 없는)이다. 즉 항상 더 높은 기준을 향한 의식의 소유가 중요하다. 당신과 우리의 마음이 영적인 본질임을 깨달아야 하는 근본적 이유가 바로 여기에 있다.

당신은 무엇을 상상하며 사는가? 당신과 우리가 만약, 알에서 깨어나지 못하고 알 인 채로 평생 살아간다면 어떤가? 알의 존재 이유는 병아리가 아닐까? 또한 새처럼 하늘을 자유롭게 날아가는 존재가 아닐까? 날개가 있어도 날지 못하는 병아리의 삶을 어떻게 생각하는가? 스스로 알에서 깨어나야 한다. 누군가에 의해 깨져서 계란 후라이 내지는 알찌개가 된다고 생각하면 어떤 생각이 드는가? 당신은 진실로 깨어나고 싶지 않은가? 생각이라는 알에서 신념의 알에서 고정 관념의 알에서 깨어 나와야 한다. 달걀로 말하면 알에서 깨어 나와 눈이 뜨는 인식의 차원이 바로 당신과 우리가 이 세상에 온 중요한 이유가 아닐까? 당신은 누구이며 무엇을 위해 이 세상에 왔습니까?

〈그림6〉 깨어 있는 영성(영혼)경영

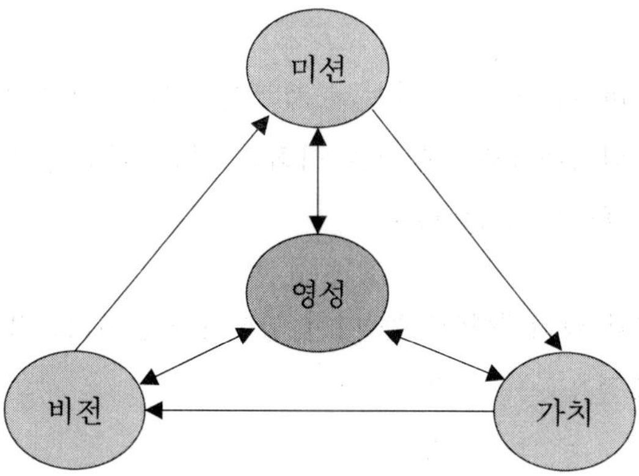

【미션 영성지수 진단】

다음은 우리조직과 나의 "깨어있는 미션 영성지수(Lamp Spirituality Quotient For Mission)"을 진단하는 체크리스트입니다. 점수는 각 번호 당 10점입니다.

1. 경영이념과 철학이 있습니까?
2. 존재이유와 목적을 알고 있습니까?
3. 사업이 나아갈 큰 방향성을 주고 있습니까?
4. 구성원들이 함께 참여하고 학습하며 협력하여 만들었습니까?
5. 구성원들에게 다양한 방법으로 알리며 공유하고 있습니까?
6. 옳은 일을 하도록 이끌어 주고, 위험을 사전에 방지해 주고 있습니까?
7. 구성원들의 의식으로서 실제 현장에서 행동지침으로 활용되고 있습니까?
8. 미션을 달성해주는 측정도구를 가지고 있습니까?
9. 미션을 달성해주는 구체적인 가치와 원칙이 있습니까?
10. 미션을 달성해 줄 구체적이고 분명한 비전(꿈)이 있습니까?
11. 미션을 향한 성과는 구체적으로 정의 되어 있습니까?
12. 이해관계자들에 관한 사회적 책임, 환경적 책임, 경제적 책임이 있습니까?

우리조직과 나의 "깨어있는 미션 영성지수"는 Total 몇 점입니까?

조직 ; 점

나 ; 점

측정점수가 나왔습니까? 당신과 조직의 영성지수의 수준을 알 수 있습니다. 점수의 해석은 다음과 같이 해석하시고 결과에 따라 신중하고 정확한 대응방법을 생각하십시오.

* 120~100점 영성경영 3.0, 경영이념 3.0입니다. '훌륭합니다.'만 유지가 필요합니다.
* 99~60점 영성경영 2.0, 경영이념 2.0입니다. '좋습니다.'만 변화가 필요합니다.
* 59~0점 영성경영 1.0, 경영이념 1.0입니다. '절망적입니다.'만 혁신이 필요합니다.

만약, 당신과 당신의 조직점수가 절망적이라면 희망과 용기를 가지고, 신중하게 미션을 검토하십시오. 없다면 새롭게 디자인 하십시오. 혹시, 멘토가 있으십니까? 그렇다면 걱정하지 마시고 의논을 하십시오.

제2장

가치(Value)

가치는 당신의 영혼 깊은 곳에서 들려오는 운명의 빛과 진리, 그리고 생명의 소리로 인도하는 즉, 당신의 영혼과 심장을 뛰게 하는 가장 소중한 핵심가치를 말한다.

당신의 영혼과 심장을 뛰게 하는 가장 소중한 가치는 무엇입니까?

일찍이 아리스토텔레스는 "우리가 매일 반복해서 행하는 것들을 모두 더하면 그것이 바로 우리자신의 모습이다. 따라서 인간의 탁월함이라 하는 것은 어느 한순간의 행동이 아니고, 반복되는 습관으로 나타난다." 즉 행한다는 것은 마음과 생각, 말과 행동이다. 이 습관의 반복과 집중의 결과는 탁월함을 가져오며, 바로 일상생활과 업무에서 끊임없이 실천함으로서 얻어지는 핵심가치다. 무엇보다 소중한 것은 이 핵심가치가 지속가능한 미래를 약속하는 윤리의 바로메타이다. 또한 동일한 미션과 원칙을 공유하고, 비전과 목표를 향해 나아갈 때 평범한 조직과 사람도 비범한 결과를 가져올 수 있음을 말하고 있는 것이다. 지금! 당신이 지켜야 할 가치는 무엇인가? 이 가치가 바로 내일! 당신의 경영과 인생을 말해준다. 그러나 내일은 언제나 너무 늦다. 지금 당신의 영혼과 심장을 뛰게 하는 가장 소중한 가치는 무엇입니까?

당신의 인생에서 가장 중요한 일은 무엇인가 무엇이 가장 중요한지를 결정하는 것이다. 그리고 이 미션대로 살다보면 누구든 수많은 난관에 봉착할 때 선택과 판단이 필요하다. 이때 절대로 포기할 수 없고, 양보할 수 없는 것이 무엇인가? 이 물음은 무엇을 가장 소중한 가치로 삼는가이다. 당신을 떠올릴 때 무엇을 가장 먼저 생각나게 하겠는가? 회사를 떠 올릴 때 무엇을 가장 먼저 생각하기를 바라는가? 경영의 의미와 본질은 무엇일까? 사람이 살아가면서 무엇을 가장 소중히 지향 하느냐에 따라 성취지향과 관계지향, 통합지향으로 나눌 수 있지만 이러한 가치를 통합 지향적으로 행동할 때 조화로움과 균형이 있다. 여러 사람과의 협력관계를 통해 성취를 이루어가면서 내면의 진정한 행복의 추구일 것이다. 이것은 기업과 인생의 진실한 의미와 가치를 찾고자 하는 끊임없는 과정이다.

미래는 기업과 조직 그리고 개인이 단순히 경쟁과 이익뿐만 아니라 행복, 균형, 조화로움, 창의, 정직, 성실, 공정, 봉사, 협력, 아름다움 등과 같이 경영활동상 최우선의 가치들을 지속적으로 실천하고 있다는 것을 보여주지 못한다면 심각한 어려움에 처할 것이다. 앞으로 경쟁이 치열하면 할수록 기업의 말과 행동이, 구성원들의 말과 행동이 일치하지 않는다면 아마도 살아남지 못하고 몰락하지 않겠는가? 말과 행동이 곧 소중한 가치로부터 나오기 때문이다. 구성원들이 동의한 가치에 대하여 신뢰하는 마음가짐이 있어야 하고, 이러한 가치를 전략적인 의사결정과 매일매일의 경영활동에 일치하도록 행동으로 옮기는 지속적인 노력과 집중이 필요하다. 당신의 가치가 조직의 가치와 일치할 때 원하는 성과를 최대한 낼 수 있는 것은 상식이요 기본이지만 난관 중에 난관이다. 그러나 가치는 조직의 필수적이고, 영속적인 신념이므로 경제적인 이익이나 근시안적인 기대치와도 타협해서는 안 된다.

당신은 경영하지 않으면서 경영하고, 운영하지 않으면서 운영할 수 있는가? 당신기업의 진정한 의사결정자는 누구입니까? 회장님과 대표이사인가요? 중역과 사업부장입니까? 아니면 팀장님이십니까? 양보할 수 없는 원칙은 무엇입니까? 핵심가치는 바로 그 어떤 의사결정보다도 최상에 최우선에 있다. 왜냐하면 의사결정의 우선순위를 포함해서 당연히 고용보장, 인재선발, 교육훈련, 측정평가, 성과보상, 정보공유 등 인사문제에 큰 영향을 주기 때문이다. 핵심가치는 소통과 확인 그리고 결정에 대한 중요한 이슈이다. 또한 조직에서 구성원들이 자유롭게 행동할 수 있는 경계와 언제 어떻게 잘못을 범하는지 알려주기도 한다. 인재와 성과를 판단할 때, 만약 이 가치가 없다면 올바른 것 보다는 익숙하고, 편리한 것을 찾아 그때그때 상황에 맞는 선택을 할지도 모른다. 당신은 실제로 이렇게 하고 있지 않은가?

일본의 이나모리 가즈오 명예회장이 KDDI 사업을 시작할 때, 회사와 개인의 이익인가? 진정 국민을 위한 것인가? 선택과 판단의 기로에서 6개월간의 치열한 고민이 바로 이 핵심가치의 중요성에 대해서 잘 설명해주고 있다. 즉 인간의 행동양식을 통제하고, 지시하는 마음속 깊게 위치한 신념과 믿음이 가장 소중한 가치이다. 이렇듯 기업과 인간이 성공과 행복을 추구하는 데 있어서 욕망과 욕구를 절제하고, 조절하는 것이 무엇보다도 중요하며 이때 조절변수로 작동하는 것이 바로 핵심가치이다. 인생은 여정이요 여행이요 나그네요 과정이다. 이 과정엔 소중한 원칙인 가치가 있으면 바람직하고 행복할 것이다. 인생의 목적은 큰 방향성이다. 다가가려면 미래상인 작은 꿈과 비전을 이루고, 또 다른 새로운 꿈과 비전이 필요할 뿐이다. 이 과정에서 자신의 목적과 원칙에 맞는 선택과 행동을 위한 가치가 반드시 있어야 한다. 조직도 역시 비전과 성취를 위한 목표, 사람을 위한 관계를 통해서 의미 있는 경영의 목적과 가치를 위한 통합적 솔류션을 지향해야 한다.

경영과 인생에서 요구하는 훌륭함과 위대함은 진정 무엇인가? 반성과 결심, 실천과 지속성을 생각하고, 수행해 가는 것이 아닐까? 이것은 미션과 목적 그리고 가치와 비전이 있기 때문에 가능하다. 아울러 기업과 구성원의 미래상인 꿈과 비전이 미션과 가치에 완전히 통섭할 때만이 당신의 영혼과 심장을 움직일 수 있을 것이다. 즉 본질과 실체는 영혼의 미션을 움직이는 가치와 이것을 추구하는 목표의 비전이다. 당신의 일은 무엇이며 도대체 무엇을 위해 일하는가? 일에 영혼이 들어가면 예술이 된다. 반복과 집중은 미션을 실현한다. 더 중요한 일은 무엇이라고 생각하는가? 핵심가치를 잊지 않는 것이다. 이것은 영성의 영혼인 미션에서 나온다. 지속적인 신념과 원칙은 무엇이 근본적으로 중요하고, 올바른 것인가를 말하므로 당신은 이 과정에서 삶의 진정한 가치를 재발견하기도 한다. 미션이 존재하는 한, 핵심가치는 양보하거나 타협할 수 없다. 목적을 추구함에 있어 어떻게 진행해 갈 것인가에 대한 상상력과 다양성을 주기도 하며 폭넓은 지침을 제공하는 보물이다.

당신은 너무나 유행에 민감하지만 멀리 봐야 한다. 왜 스티브 잡스는 "인문학과 기술의 교차점에 있었다."라고 말했을까? 왜 애플이 가진 모든 기술을 소크라테스와의 점심에 사활을 걸었을까? 인문학과 기술은 과연 무엇인가? 선(善)과 정의(正義) 그리고 아름다움(美)이란 무엇인가? 인류의 성현들에게 우리는 무엇을 배워야 하는가? 요즈음 누구나 경영진과 간부라면 인문학탐구와 강좌에 구름처럼 몰려다니며 학습의 열기가 대단하다. 그러나 진심으로 알고 있는 걸까 천재들의 사상과 철학에서 무슨 깨달음을 얻을 것인가? 한마디로 '사람을 제대로 보려고' 함이다. 세계주의는

첨예의 끝을 달리며, 시장의 '보이지 않는 손' 은 내밀지 않은지 이미 오래다. 주인과 노예의 고리를 누가 끊을 것인가? 지속 불가능한 만족할 수 없는 인간의 어리석음으로 이미 수많은 배탈이 나는 피해자는 많은데 가해자는 없다. 끝없이 자신의 이익을 쫒는 욕망의 기관차와 성공을 위한 자만심의 브레이크 재료를 무엇으로 대체할 것인가? 잃어버린 불멸의 영혼을 찾아야만 한다.

지금! 지속가능한 미래를 위해 가치의 균형과 공존을 생각해야 할 때다. 가치는 조직자체와 사회자체의 갈등구조를 해결할 수 있는가? 정말 중요한 물음이다. 당신과 조직의 업무방식에 대해 사실대로 말해 보자. 즉 사람을 말 잘 듣는 기계처럼 통제하고, 체계적인 방법으로 관리하고 있다면 자율과 창조, 열정과 몰입보다는 정확성과 안정성, 신뢰성에 더 가까울 것이다. 실제 현장의 일과 관계에서 누가 누구에게 지시하고 명령하는가? 갑이 을에게 일방적인가 주인과 노예는 누구인가? 누가 더 창조적이고 열정적인가? 당신이 생각할 때 실제 주인이란 누구인가? 주인은 명확하다. 윗분 상사이다. 집에서 부모, 초중고 학교에서 교사, 대학에서 교수, 직장에서 상사, 군대에서 장교, 교회에서 목사, 스포츠 팀에서 감독이다. 그렇다면 실제 노예란 누구인가? 노예도 분명하다. 아랫사람 부하이다. 자식, 학생, 팀원, 부하, 교인, 선수 이다. 결코 모든 조직이 이와 같다고 폄하 하는 것은 아니지만, 이것은 인류역사 이래 지속되어 온 분명한 역사적 사실관계이다. 현재! 당신과 조직은 어떤 상황인가?

역사에서 무엇을 배울 것인가 민주(民主)가 아닐까? 즉 민이 주인이 되는 길이다. 일을 하는 규칙, 규율 ,규정 등 제반 원칙 등을 누가 정하고 바꿀 수 있는가? 지금까지 주인중심으로 정하고, 노예는 말없이 시키면 시키는 대로 하지 않았는가? 이것은 예전에는 문제가 안 되었다. 그러나 지금은 복잡한 문제가 발생하고 있으며 소통이 안 되고, 갈등이 생기며 관계가 폐쇄되는 치명적 결과를 초래하고, 악순환을 반복하는 역사의 운명이다. 너무 간단하지 않은가 되돌려 주면 되는 일 아닌가? 과잉 통제로 인한 기회손실은 너무 크지 않은가? 핵심가치는 일의 우선순위이기 때문에 권한위임과 자유 재량권과 같은 개념이다. 자율, 참여, 신뢰, 혁신, 경청, 명예, 존중, 책임, 헌신, 학습, 관계, 모험, 도전, 열정, 몰입, 분배, 공유, 협력, 자유, 평등, 공생, 사랑, 생명 등 핵심가치가 중요한 이유이다. 핵심가치는 자율과 규율이며 질서이므로 통제와 자율의 균형이 필요하다.

왜! 창조적자본주의, 경제민주주의인가? 가치란 확고해서 시장 상황에 큰 변화가 있어도 절대 바뀌지 않는다. 포기할 바에는 차라리 회사 문을 닫는 절대적 기준을 말한다. 신자유주의의 대표적 경영자였던 잭 웰치 전 회장은 "GE의 핵심가치를 공유하고, 실천했음에도 성과가 나오지 않는 경영자에게는 다시한번 기회를 준다. 하지만 핵심가치를 지키지 않으면서 성과만 높은 사람은 조직을 깨뜨리는 사람으로 여겨 그만두게 한다."고 했다. 그러나 만약 가치가 비전에서 나온다면 뿌리 없는 나무다. 왜냐하면 가치는 비전달성 이전의 미션에서 출발해야 하기 때문이다. 마스시타 고노스케는 "작고 사소한 일은 이익이라는 기준으로 옳고, 그름을 가르면 된다. 하지만 중요한 일은 단순한 이해득실로 의사결정을 내려서는 안 된다. 크고 중요한 일은 이해관계를 떠나 '무엇이 올바른가?' 라는 기준으로 결정을 내려야 한다. 이 기준에 따라서 극단적으로 말해 회사가 망해도 괜찮고, 개인이 죽어도 괜찮다. 그만큼 올바른 일을 하는 것은 큰일이다." 핵심가치는 조직의 파산과 구성원의 죽음과도 바꿀 수 있다. 지금 당신의 영혼과 심장을 뛰게 하는 가장 소중한 가치는 무엇입니까?

【가치 영성지수 진단】

다음은 우리조직과 나의 "깨어있는 가치 영성지수(Lamp Spirituality Quotient For Value)"를 진단하는 체크리스트입니다. 점수는 각 번호 당 10점입니다.

1. 뚜렷한 가치와 행동원칙이 있습니까?
2. 가치와 미션은 잘 연결되어 일관성이 있습니까?
3. 조직의 목표를 달성할 수 있도록 방향성을 주며 이끌어 주고 있습니까?
4. 얼마나 잘 지켜지는지 확인 조사를 하고 있습니까?
5. 가치에 대한 헌신을 위하여 구체적으로 전파할 수 있는 방법이 있습니까?
6. 가치결정이 경제적 목표와 상충될 경우는 추진합니까? 포기합니까?
7. 구성원들이 가치를 통해서 어떤 역할을 해야 하는지 지속적으로 평가하고 있습니까?
8. 힘든 고비를 넘기고 있을 때도 어떠한 방법으로든 가치를 포기하지 않습니까?
9. 구성원들이 함께 참여하고 학습하며 협력하여 만들었습니까?

10. 가치를 행동으로 실천하기 위하여 지속적인 집중과 노력을 하고 있습니까?
11. 진정으로 조직전체에 항상 공유되며, 중요 의사결정에 근거가 되고 있습니까?
12. 자원배분, 동기부여, 인사문제 등을 처리하는 데 도움을 주고하고 있습니까?

우리조직과 나의 "깨어있는 가치 영성지수"는 Total 몇 점입니까?

조직 ; 점

나 ; 점

측정점수가 나왔습니까? 당신과 조직의 영성지수의 수준을 알 수 있습니다. 점수의 해석은 다음과 같이 해석하시고 결과에 따라 신중하고 정확한 대응방법을 생각하십시오.

* 120~100점 영성경영 3.0, 경영이념 3.0입니다. '훌륭합니다.'만 유지가 필요합니다.
* 99~60점 영성경영 2.0, 경영이념 2.0입니다. '좋습니다.'만 변화가 필요합니다.
* 59~0점 영성경영 1.0, 경영이념 1.0입니다. '절망적입니다.'만 혁신이 필요합니다.

만약, 당신과 당신의 조직점수가 절망적이라면 희망과 용기를 가지고, 미션을 신중히 검토하십시오. 없다면 새롭게 디자인 하십시오. 혹시, 맨토가 있으십니까? 그렇다면 걱정하지 마시고 의논을 하십시오.

제3장

비전(Vision)

비전은 당신의 영혼 깊은 곳에서 들려오는 운명의 빛과 진리, 그리고 생명의 소리인 목적에 조금씩 다가가기위한 구체적이고, 가시적으로 달성할 수 있는 꿈이다. 즉 미션에 도달하기 위한 단계적 미래상을 말한다.

당신은 미션을 추구하기 위해 지금 어디로 가고 있습니까?

일찍이 괴테는 "지금 이 순간을 잡아라. 그대가 할 수 있는 일, 꿈꿀 수 있는 꿈을, 마음을 넓고, 크게 먹고, 시작하라. 담대함에는 재능과 힘과 마법이 있다." 고 말하였듯이 역사상 위대한 인물이 대체로 그렇다. 또한 초우량기업, 성공하는 기업, 좋은 기업, 위대한 기업, 존경받는 기업들이 모두 크고, 위험하고 대담한 목표와 비전을 세웠다. 그러나 미션과 가치가 없는 꿈과 비전은 사상누각이다. 비전은 신비이다. 왜냐하면 비전은 보이지 않는 것을 볼 수 있고, 만질 수 없는 것을 만질 수 있으며, 불가능한 목표들을 성취하게 만드는 역량을 숨기고 있기 때문이다. 즉 미래의 바람직한 모습이며 미래에 대한 전망과 가능성 그리고 궁극적으로 추구해야 할 미션에 대한 단계별 미래상이며, 미션은 우리가 돌아가야 할 영원한 고향이다. 당신은 미션을 추구하기 위해 지금 어디로 가고 있습니까?

당신은 지금까지 진정 자신만의 비전들을 위해 살아 왔습니까? 왜 그 학교에 들어가고, 왜 그 회사를 선택하고, 왜 그 직업을 왜 그 사람을 선택했는지 말입니다. 혹은 부모님이나 사장님이나 상사 등 다른 사람들의 꿈을 지속적으로 쫓진 않았습니까? 그렇다면 당신이 지금껏 해온 모든 것들이 궁극적 미션을 이루기 위한 준비였습니까? 혹시 당신은 지금 어디로 가는지도 모르면서 죽기 살기로 전력질주 하고 있습니까? 다른 기업과 사람들이 안보고 무조건

달리니까 더 빨리 가려고, 앞만 보고 정신없이 달리고 있지는 않습니까? 진정한 성공이란 무엇일까요 의미와 목적을 모르고, 달리는 자만과 빨리 이루려는 조급함, 제어되지 않은 욕망은 일찍이 조직과 인간의 몰락을 가져온 중요한 이유 중 하나다. 비전의 달성은 궁극적으로 미션의 추구와 원칙인 가치를 온전히 지키는 가운데 있다.

미션은 영원하나 비전은 영원하지 않다. 새로운 비전은 언제 필요할까? 자만과 조급함과 욕망이 앞설 때, 조직의 목표나 인생의 목표에 대해 구성원들이 혼란을 겪고 있을 때, 문제와 본질을 모를 때, 미래를 회의적으로 보며 현재에 대해 냉소적 일 때, 조직이 외부환경의 변화에 적응하지 못할 때, 진정한 참여의식과 자부심이 사라질 때, 모험과 도전을 회피하며 주어진 일과 맡은바 업무에만 치중할 때, 꿈과 행복을 잃어버렸을 때 새로운 비전이 필요할 때이다. 과연 비전은 우리에게 무엇을 줄 수 있을까요 비전은 변화를 기대하는 사람들에게 의미를 제공하고, 미래에 대한 보다 명확한 시각을 제공하고, 긍정적인 정신적 이미지를 환기시키며 자부심과 에너지, 성취감을 불러일으킨다. 또한 높은 이상을 반영하는 탁월한 기준을 설정하고, 모든 구성원들에게 동기를 부여한다. 미션은 변화와 움직임이 없는 중심이지만, 비전은 달성되면 또 다른 비전이 있듯이 흐름이고 변화며 주변이다.

비전은 조직과 인생의 미션을 성취해가는 행운의 열쇠다. 미션은 영혼의 아들이요 창조의 원리이다. 창조는 가치를 엔진으로 하며, 비전이라는 목표를 먹고산다. 비전은 성숙한 조직과 구성원들에게 목표와 방향을 분명히 공유하며, 자기계발과 열정을 불어넣고, 충성심을 일으킨다. 의도하는 과녁에 초점을 맞추고 주의와 관심, 집중을 통해 일상적인 행동에 중요한 의미를 부여하고, 조절하며 불필요한 일들을 가려내고, 구성원들을 행동하게 만든다. 우리가 일을 함에 있어 언제 전력투구할 수 있을까? 지시와 명령, 통제만으로 기여와 공헌할 수는 없다. 자부심과 일관성은 언제 나올까? 뚜렷한 미션과 가치 그리고 비전이 있을 때, 건강한 조직과 구성원들은 스스로 역할과 책임을 다할 수 있다. 구성원들이 자기가 하는 일의 의미와 중요성을 분명히 알고, 그것을 성취할 수 있는 자신의 역량에 확신을 가진다면 어떠한 난관에 부딪치더라도 그것을 수용하며 집중과 몰입할 수 있다.

진정한 비전이란 무엇일까? 기업과 구성원들이 불멸의 미션을 향해 미래의 청사진을 명확히 하고, 뚜렷한 가치를 바탕으로 경쟁력 있는 다양한 정책을 통해 행동해나가는 것이다. 막연한 생각이 아니라, 실제로 생긴 결과를 눈앞에 상상하며 만들고 싶은 최종적인 결과에 초점을 두면서 단지 숫자가 아닌 가슴을 설레게 하는 그 무엇이다. 즉 내가 누구이며 현재 어디에 있으며 어디로 가고 있는지 영혼과 심장을 움직이는 가장 소중한 가치가 무엇인지를 의식하면서 어둠에서 점차 밝음의 세계로 깨달음의 여정을 인도하는 것이 아닐까? 당신과 우리가 어디로 가는지 삶의 방향을 의식하지 못한다면 우리의 삶은 어떤 상황이나 조건, 환경에 계속 끌려 다니게 된다. 망망대해에 정처 없이 물결치는 대로 표류하게 될 것은 명약관화한 일이다. 사실이 아닌 생각의 세계, 즉 자아(Ego)가 진실한 믿음과 사실을 지배한다면, 우리가 어디로 가고 있는지 왜 가려고 하는지 분명하게 의식하지 못한다면 미션에 도착할 가능성은 매우 희박할 것이다.

영혼과 창조의 씨앗은 비전이다. 구성원들이 왜 인생을 살아야 하는지 어디로 가야하는지 알고 있다면 어떤 시련도 극복할 수 있다. 비전은 역량을 집중할 수 있는 이정표이며 성취할 수 있고 현실적이다. 누구나 이해하고, 공감대가 형성되며, 평가할 수 있고, 명확하며 단순하고, 의미심장하며, 어려워도 도전할 만하고, 열매도 중요하지만 물과 숲도 보고, 나무도 볼 수 있어야 한다. 비전은 사업의 초점과 신념을 바탕으로 기업을 성장시키는 구체적이고, 영감을 자극시키는 메시지이기 때문에 존재가치가 있다. 당신은 어떤 사업을 할 것인가? 이사업의 목적은 무엇인가? 이 사업에서 우리는 어떤 경쟁력을 갖추고 있는가? 다른 사업에 경쟁력을 활용할 수 있을까? 그 사업에 어떻게 뛰어들 것인가? 신규 사업 및 라이센싱을 할 것인가? 기업인수 및 제휴를 할 것인가? 그 시기는 언제가 좋을 것인가? 비전은 매우 상세하고, 구체적인 동시에 달성해야 할 정확한 표현이다. 그러나 미션은 실제적이며 구체성은 없지만, 철학적이고 추상적인 믿음과 신념이다.

조직의 비전은 어떻게 달성될까? 비즈니스모델과 목표는 무엇인지 목표를 효과적으로 달성할 전략은 무엇인지 비즈니스 프로세스는 정확히 무엇인지 아는데 있다. 제품과 서비스들은 비즈니스 프로세스에서 실행되는 모든 자원의 중요 데이터의 측정으로부터 비용, 품질 등을 투명하고 정확하게 분석할 수 있으며 생산능력과 자본, 인재와 기술 등 자원을 재구성할 수 있는 단초를 제공한다. 즉 시장의 소비자 만족과 행동을 이해하고, 수요와 자원을 예측하며 지속적인 변화와 혁신, 전략을 수정하는 통찰력을 제공한다. 비전은 당신과 조직이 열망하는 미래로 안내하기위해서 대 내외 환경 및 내부의 자원과 역량을 분석하고, 조직과 구성원들의 의지를 담은 숫자와 정성적 표현 속에 양적 및 질적 목표를 내포하고 있다. 너무 간단히 쉽게 달성할 수 있도록 타협해서는 안 되며, 현재의 성과숫자 연장선에서 단순한 숫자의 나열식은 급변하는 환경에 대한 응전과 창조에 전혀 도움이 안 된다. 또한 달성가능성이 도저히 없는 무분별하고, 허황된 꿈의 나열식도 허수아비 비전일 뿐이다.

20세기 최고의 기업이 어떻게 성장하고, 왜 몰락하는지 살펴보자. 위대한 인간과 조직의 비전은 반드시 미션과 원칙인 핵심가치로부터 출발한다. 영혼을 품고 활발한 생명력을 필요로 하듯이 장단기적 목표를 추구함과 동시에 환경변화의 상황에 따른 전략적 적응은 매우 중요하다. "버튼만 누르세요. 나머지는 저희가 알아서 하겠습니다." 카메라를 연필만큼 편리하게 만드는 코닥은 지금의 스마트폰 시장의 애플이나 삼성전자처럼 젊은이들의 꿈의 직장으로 불릴 정도로 지난 세기에 카메라 시장을 완전히 장악하고, 엄청난 매출을 가져왔으며 독자적인 기술력, 세계적인 위상은 감히 경쟁할 상대가 없었다. 코닥은 경영관리 또한 최고였다. 1880년 코닥을 설립한 조지 이스트만은 홀어머니와 함께 살았으며, 고교 중퇴로 그다지 특별한 재능이 있는 것으로 평가받지 못했으나, 후일 독창적 천재 발명가로서 온유하고, 겸손한 인간미와 민주적 자질을 갖추고, 조직구성 및 관리에 탁월한 능력을 발휘한다.

1919년 당시, 천만 달러에 해당하는 지분 중 1/3을 구성원들에게 분배하여 임금배당재의 제도를 통해 각 직원이 회사주식의 연간 배당금에 따라 월급이상을 가져갈 수 있게 만들었다. 평소 조지는 "기업의 번영은 발명과 특허로 인해 이루는 것이 아니라, 각 직원들의 마음가짐과 충성심"이라고 생각하며 이것은 이익 공유를 통해 가능하다고 믿었다. “근무시간에 하는 일을 통해 부가 결정되며, 여가 시간을 통해 하는 활동을 통해 인격이 결정된다.” 는 신념을 토대로 음악, 미술관, 과학, 의료, 교육 등 지역사회에 기부활동가로 전 세계적 비전 제시자, 박애주의자로 그 당시 과학적 관리시대를 앞서서 사회적 책임경영을 실천했던 가장 위대한 인물이었다. 그러나 그렇다고 해서 지속성과 영속성이 확보되는 것일까? 조지 이스트만의 사후 80년, 창립 132년 만에 최고의 위기가 왔다. 아날로그 카메라 필름시장의 성공의 자만에 빠지고 지키느라, 다가온 디지털 사진 혁명을 제대로 대응하지 못해 결국 2012년 1월 19일 맨해튼 법원에 파산 보호를 신청했다. 왜 몰락하였을까?

코닥은 1975년 세계 최초로 디지털 카메라를 개발했음에도 불구하고, 기존 아날로그 롤필름 시장을 지키기 위해 상용화하지 않은 것이 몰락의 화근이 되는 줄 몰랐다. 즉 불멸의 미션과 가치의 추구, 시대적 흐름과 함께 하는 비전을 잊었다. 당신은 어떤 존재며 가치와 비전은 무엇입니까? 불멸의 영혼과 가치 없이 비전은 디자인 할 수 없고, 비전 없이 올바른 방향으로 나아갈 수 없다. 당신은 비전 없이 삶의 주소를 찾을 수 없듯이 실패와 성공을 해도 어디서 어떻게 실패하고 성공하는지, 행복과 불행해도 어디서 어떻게 행복하고 불행한지, 성장과 변화가 그쳤는데 그친 줄도 모른 채, 당신은 그냥 살고 있을지 모른다. 이것이 모든 것을 경험할 수밖에 없는 이유다. 당신은 그냥 무생물보다 조금 나은 생물정도가 아니라 불성(영성)을 가진 영적인 존재이다. 즉 당신은 당신이 되어야 하는 존재이며 육체와 마음을 뛰어넘어 무한하게 되어가는 존재다. 나아가 인류와 세상에 깨어 있는 사랑과 자비의 문화를 창조할 수 있는 위대한 존재다. 당신의 진정한 살아있는 비전은 무엇입니까? 당신은 미션을 추구하기 위해 지금 어디로 가고 있습니까?

【비전 영성지수 진단】

다음은 우리조직과 나의 "깨어있는 비전 영성지수(Lamp Spirituality Quotient For Vision)"을 진단하는 체크리스트입니다. 점수는 각 번호 당 10점입니다.

1. 미션에 도달할 바람직한 미래상을 가지고 있습니까?
2. 핵심가치와 비전은 잘 연결되어 일관성이 있습니까?
3. 어디로 가야하고 무엇을 피해야 하는지 명확히 알려주고 있습니까?
4. 구성원들이 함께 참여하고 학습하며 협력하여 만들었습니까?
5. 항상 모든 구성원들과 외부에 전파하고 있습니까?
6. 열정을 갖게 하며 영감을 자극하도록 의미심장합니까?
7. 명료하며 누구나 쉽게 이해할 수 있습니까?
8. 평가가 가능하고 달성해 가는 측정도구가 있습니까?
9. 향후 우리의 다음 계획을 명확하게 제시해 주고 있습니까?
10. 얼마만큼 달성하고 있는지 정기적으로 점검하고 있습니까?
11. 핵심고객, 제품, 서비스가 무엇인지 알고 있습니까?
12. 현실적으로 성취 가능하고 이정표가 분명합니까?

우리조직과 나의 "깨어있는 비전 영성지수"는 Total 몇 점입니까?

조직 ; 점

나 ; 점

측정점수가 나왔습니까? 당신과 조직의 영성지수의 수준을 알 수 있습니다. 점수의 해석은 다음과 같이 해석하시고 결과에 따라 신중하고 정확한 대응방법을 생각하십시오.

* 120~100점 영성경영 3.0, 경영이념 3.0입니다. '훌륭합니다.'만 유지가 필요합니다.
* 99~60점 영성경영 2.0, 경영이념 2.0입니다. '좋습니다.'만 변화가 필요합니다.
* 59~0점 영성경영 1.0, 경영이념 1.0입니다. '절망적입니다.'만 혁신이 필요합니다.

만약, 당신과 당신의 조직점수가 절망적이라면 희망과 용기를 가지고, 미션과 가치를 신중히 검토하십시오. 없다면 새롭게 디자인 하십시오. 혹시, 맨토가 있으십니까? 그렇다면 걱정하지 마시고 의논을 하십시오.

【영성경영 레이더차트 그리기】

다음은 '영성'에 관한 우리조직과 나의 "깨어있는 영성지수(Lamp Spirituality Quotient)"를 종합 진단하는 레이더차트입니다. 앞에서 기록한 점수를 기입하시고, 나는 빨강 조직은 파랑색깔로 마킹하시고 직선으로 연결합니다.

1. 미션(Mission)

① 조직;　　　　점　② 나;　　　　점

2. 가치(Value)

① 조직;　　　　점　② 나;　　　　점

3. 비전(Vision)

① 조직;　　　　점　② 나;　　　　점

〈그림7〉 영성에 관한 '깨어 있는 영성지수'

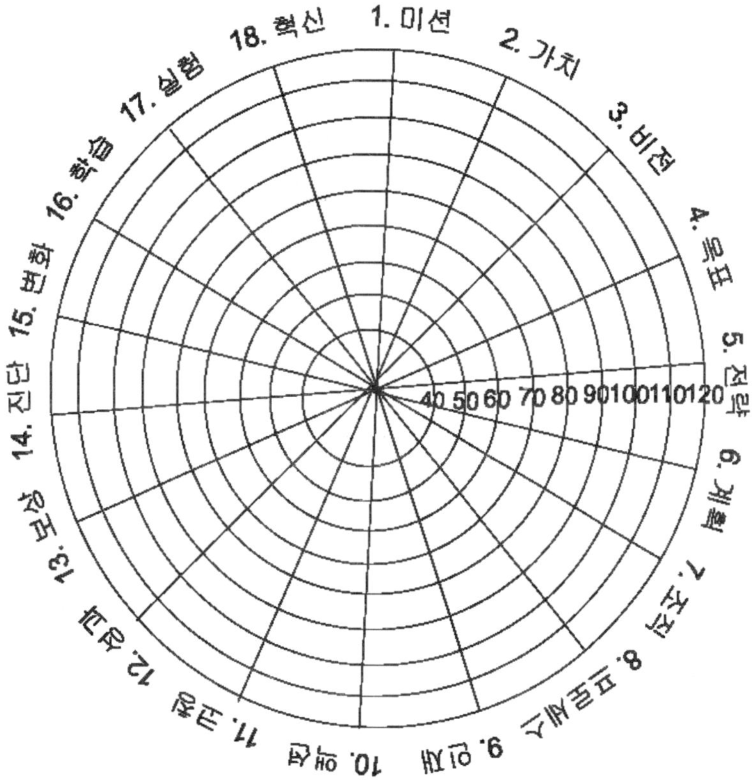

"자기 자신의 주인이 되지 못하는 사람은
진정으로 자유로울 수 없다. 자신의 뜻대로 할 수
있는 일, 진실로 가치를 발휘할 수 있는 부문에서 뛰어난
사람은 하찮은 사람이라고 할 수 없다."

에픽테토스

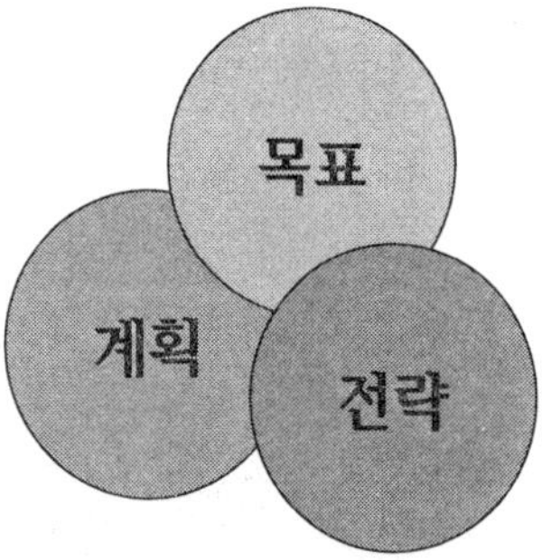

제2부

역량경영

나와 우리는 무엇으로 어떻게 갈 것인가?

<정주영; 鄭周永, 1915-2001>

"나는 누구에게든 무엇이든 필요한 것은 모두 배워 내 것으로 만든다는 적극적인 생각, 진취적인 자세로 작은 경험을 확대해 큰 현실로 만들어내는 것에 평생 주저해 본 일이 없습니다. 나는 무슨 일을 시작하든 된다는 확신 90%와 반드시 되게 할 수 있다는 자신감 10%외에 안 될 수도 있다는 불안감은 단 1%도 갖지 않는다."

"이것은 한국지폐입니다. 그리고 여기 그려진 것이 바로 거북선이지요. 우리 한국은 이미 1500년대에 철갑선을 만들었던 실적과 잠재력을 갖고 있습니다. 영국의 조선역사는 1800년대부터이니 한국이 그보다 300년은 앞선 셈입니다. 그 사업계획서가 나의 전공이오. 사실은 내가 어제 옥스퍼드대학에 그 사업계획서를 가지고 가서 학위를 달라고 하니까 한번 척 들춰보고는 두말없이 학위를 주더군요. 그래서 나는 어제 옥스퍼드대학에서 경제학박사 학위를 받았소. 그러니까 그 사업계획서가 내 박사 학위 논문인 셈입니다."

"중동은 우리나라에 은혜를 주는 나라가 될 것이다. 첫째, 비가 오지 않아 1년 내내 공사를 할 수 있다. 둘째, 자갈과 모래가 현장에 있으므로 자재조달이 아주 쉽다. 셋째, 날씨가 더우므로 천막을 치고 낮에는 낮잠을 자고, 밤에 일하면 된다. 넷째, 물은 운반해 와서 저장하면 된다. 중동은 한국 사람이 건설하기엔 최적의 조건이다."

"순간 번쩍 떠오르는 생각이 있었다. 해체해서 고철로 쓰려고 30억 원에 사다가 울산에 정박시켜 놓고 있던 스웨덴 고철선 워터베이호를 끌어다 가라앉혀 물줄기를 막아놓고 바위덩어리를 투하시키면 될 것 같았다. 나는 즉시 현대정공, 현대중공업 기술진들에게 폭 45m, 높이 27m, 길이 322m의 23만 톤급 고철유조선을 안전하게 최종물막이 공사 구간에 가라앉힐 수 있는 방법을 연구하도록 지시했다."

"시베리아를 개발하는 데 한국이 무슨 수로 영하 50도, 70도의 기후에 버틸 거냐고 일본이 또 웃고 있을지도 모른다. 그러나 나는 우리가 못할 것은 없다고 생각한다. 일본인들이 홋카이도 위쪽의 섬 4개를 러시아에서 되찾기 위해 애쓰고 있는 동안 우리가 시베리아를 잡아 놓아야지, 일본과 러시아가 한 덩어리가 되면 그 많은 자원 가운데 우리 몫은 하나도 없을 것이다. 일본 사람들이 추수하고 난 자리에서 떨어진 이삭이나 주우러 다니는 처지가 될 수는 없다. 이것은 내가 시베리아 개발에 적극적으로 나서는 중요한 이유이다."

제4장

목표(Goal)

목표는 도전적이고, 미래지향적인 비전을
달성하기 위한 단계적 숫자다. 목표는 겨누지 않고 쏘면 100%
빗나가므로 의식적으로 목표를 향해 불을 당겨야한다.

당신은 비전을 달성하기 위해 무엇으로 어떻게 가고 싶습니까?

일찍이 이나모리 가즈오는 "지금 우리는 100m 를 뛰는 속도로 먼 길을 달려오지 않았습니까? 거칠 것 없이 목표 지점을 향해 노력하고, 또 노력해왔습니다. 누구에게도 뒤지지 않는 열정적인 노력 그것이야 말로 교세라의 힘이자 여러분의 힘입니다. 교세라는 제 것이 아니라 여러분이 만들고, 키우는 여러분의 회사입니다." 즉 일에 목숨을 건, 외로움과 두려움, 절박함에 쫓기며 끝없는 목표를 향한 전력질주의 전투다. 절제된 인간의 생각과 감정을 어쩌면 이렇게 표현할 수 있을까? 이 얼마나 웅장한 사상과 철학이 들어 있는 말인가? 이미 내 회사가 아님을 알고 있는 이 사람은 진정 깨어 있는 경영을 하고 있다. 모든 일에 있어 자신만만하고, 당당할 수밖에 없는 정직함과 용기가 묻어난다. 구성원들의 정신적 물질적 행복을 진정으로 원하는 열림과 소통은 진실함이 배어있고, 스스로 그러하듯 자연스럽다. 지금 당신은 비전을 달성하기 위해 무엇으로 어떻게 가고 싶습니까?

전쟁폐허에서 일본 기업의 부활을 심어준 이 사람, 미국이 뒤늦게 발견한 품질경영의 구루 에드워드 데밍 박사도 "목표는 어려우면 어려울수록 투지가 샘솟는다. 목표를 달성하기가 쉽지 않으니 여러 궁리를 하고, 지혜를 짜내게 된다. 매우 어려운 일이기는 하지만 목표를 달성하기까지의 과정을 즐겨라. 그렇게 하면 반드시 성과를 얻을 것이다."라고 갈파했다. 당신과 우리 인간은 당연한 것을 잘 못하는 중생(衆生)인가? 목표가 없으면 질흙 같은 어둠속의 풍랑 속에서 표류하며 마냥 흘러갈 뿐이다. 그러나 목표가 있다면 마치 빠른 화살처럼 과녁을 향해 쏜살같이 날아가지 않겠는가? 비록 누구나 원하는 정 중앙에 맞추지는 못하더라도 말이다. 그렇다. 인간은 무언가가 목표에 불을 당겨주면 불가능도 가능케 하는 그런 존재이므로 목표를 이루면서 과정을 즐겨야 한다.

당신이 목표를 달성하려면 주위시선에 우왕좌왕하지 말아야 한다. 무엇인가 하고자 한다면 무슨 일이 있어도, 누가 뭐라 하더라도 그 길을 가겠다고 굳게 다짐해야 한다. 그리고 반드시 이룰 수 있다고 철저히 믿고, 끊임없이 실행해야 한다. 그런 담대함과 간절함이 없다면 처음부터 꿈도 꾸지 말아야 한다. 신(神)은 결코 높은데 존재 하지 않는다. 반드시 신이 손을 뻗어 도와줄 것이다. 짐론은 목표는 불가능한 존재라며 "목표에 고무되었을 때, 어디까지 할 수 있는지 아는 것은 불가능하다. 목표를 믿을 때, 무엇까지 성취할 수 있는지 아는 것은 불가능 하다. 목표를 토대로 행동할 때, 어디까지 이룰 수 있는지 아는 것은 불가능하다. 또한 목표를 설정하는 주된 이유는 목표가 당신에게서 이끌어 내는 그 무엇은 언제나 당신이 얻는 그 무엇보다 훨씬 더 가치가 크다." 즉 당신의 영혼으로부터 오는 영감과 열정이 가미된 목표는 도저히 불가능해 보이던 위대한 일들을 해내고야 말 것이다.

조직의 목표를 생각한다는 것의 본질은 무엇일까? 즉 당신과 우리가 진정 가져야 할 깨어 있는 의식은 무엇일까? 무엇보다 먼저 장기적 안목과 올바른 목표를 가져야 한다. 또한 자신이 무한한 잠재능력을 가지고 있다는 것을 깨닫고, 이것이야말로 목표설정의 출발점에 있어서 중요한 열쇠임을 알아야 한다. 여기서 장기적 안목이라는 것은 바로 영혼을 움직이는 미션과 원칙인 가치를 잊지 않는 것을 말하며, 올바른 목표란 보이지 않는 것을 볼 수 있게 만드는 바람직한 비전을 의미한다. 데니스 웨이틀리는 "대부분의 사람들이 목표를 이루지 못하는 이유는 목표를 제대로 정의하지 못하기 때문이며 그것이 정말로 성취 가능하다고 여기지 않기 때문이다. 성공하는 사람은 자신이 가고 있는 방향과 자신이 행하려는 계획과 누가 자신의 길에 동참할 것인지 확실하게 알고 있다."고 갈파했다. 즉 목적을 향한 방향감각을 절대로 잊지 않으면서 단계적 목표를 달성하기 위해 조직과 자신의 강점 위에서 자원과 역량을 배분하는 전략과 실행계획이 함께 실행되어야 한다.

당신의 목표는 의미심장하지만 무기력 할 수도 있는가? IMG의 설립자 마크 매코백은 하버드 경영대학원에서도 가르쳐주지 않는 것들에서 "1979년 하바드 경영대학원 졸업생들에게 명확한 장래 목표를 설정하고 기록한 다음, 그것을 성취하기 위해 계획을 세웠는가?" 라는 질문을 했을 때 "3%의 학생은 목표와 계획을 세웠으며, 13%는 목표는 있으나 기록하지 않았으며, 84%는 졸업 후 여름을 즐기겠다." 라는 답변을 하였다. 물론 세계적으로 유명한 하바드 경영대학원을 나왔으니 누군들 쉬고 싶지 않겠는가? 10년 후, 1989년 질문 대상자들을 다시 인터뷰한 결과 "13%의 졸업생은 84%의 졸업생보다 평균 2배의 수입을 올렸으며, 3%의 졸업생들은 97% 졸업생보다 평균적으로 10배의 수입을 올렸다고 한다." 즉 사람들은 게으르지 않으며 열심히 일하지만 무기력한 목표를 갖고 있는 것이 아닐까?

오늘 아침, 당신은 자동차를 운전하면서 부산에 가려고 한다. 만약에 도로의 표지판도 전혀 없고, 지도도 없다면 어떻게 갈 수 있겠는가? 안타깝게도 바로 이것이 대부분 당신과 우리가 삶을 살아가는 방식이 아닐까? 당신은 지도와 약도 없이 이 세상을 아무런 목표 없이 떠돌아다니며 소중한 인생을 낭비하고 있지 않습니까? 삶의 목표가 사라지는 순간 우리의 잠재의식이 가진 무한한 에너지는 힘과 방향을 잃고, 오히려 생명력을 해친다. CNN 방송의 설립자인 테드 터너의 아버지는 성공한 사업가였다. 그는 사업의 발전이 정점에 이른 어느 날, 테드 터너와 일상적인 저녁식사를 마친 후, 이층 침실로 올라가 권총으로 자살했다. 왜 자살 했을까 너무 이상하지 않습니까? 모든 성공을 이뤘기에 더 이상 이룰 꿈이 없어서 자살했다고 한다. 안타깝고 슬프지만 값진 경험을 통해 깨달았던 테드 터너는 사업으로 성공하자마자 '세계평화의 실현' 이라는 아예 이룰 수 없는 목표인 도저히 불가능한 목표를 세웠다. 이것이 불멸의 영혼이자 영원한 미션의 위대함이다.

우주와 만물의 모든 존재는 그물처럼 연결되어 있으며 결국 하나가 아닐까? 불멸의 미션과 비전의 목표는 상호연계성이 신뢰와 공감에 필수다. 조직의 목표는 모든 구성원들에 의해 수용되고, 효율적이고 효과적인 달성방안이 강구되며 이들 방안이 실천될 때 달성될 수 있다. 따라서 목표를 설정하는 문제도 중요하지만 어떻게 하면 이 목표를 전 조직으로 전개하고, 전개된 목표를 달성하도록 동기부여하고, 모니터링하며 때로는 통제, 위임하는 일도 필요하다. 즉 바람직한 비전이란 목적과 목표의 연관성을 설명할 수 있는 논리성, 목적을 달성하기 위한 가장 효과적인 목표로의 효과성, 기대하는 결과가 보다 상세해서 누구라도 평가 할 수 있는 구체성, 노력하면 실현 가능한 목표로의 가능성, 다른 목표와 모순되지 않으며 방해나 장애가 되지 않도록 하는 협조성, 창의적으로 생각해서 이전의 결과보다 더 나아지려는 혁신성, 감정적으로 몰입할 수 있는 열정성, 이러한 것들을 실행하는 과정에서 현재 바로 지금의 생각과 감정에 충실한 영혼의 대화야 말로 목표를 이루는 실질적 원천이다.

목표의 핵심구성요소는 무엇인가? 미션은 시간과 공간의 관계를 초월하는 무한한 존재로 그 무엇의 그 이상이다. 시간적으로 무한하다면 영원과 불멸의 존재인 것이다. 그리고 공간적으로 무한하다면 어디서나 존재하는 존재를 말한다. 따라서 당신과 조직의 미션은 비전의 목표와 시공간적으로 연결되어 끊임없이 상호작용을 하면서 이루어 가는 과정이다. 비전의 성취는 목표를 이루는 것이며 목표를 단순하게 요약하면 3가지다. 첫째, 기대하는 결과의 내용인데 이것이 목표의 항목, 무엇을 말한다. 둘째, 기대하는 결과의 달성수준으로 어느 정도까지 달성 하는가이다. 셋째, 기대하는 결과의 달성수준을 달성할 기간으로 언제까지인가를 말한다. 진정한 목표는 단어 자체에 기한이 포함되어 있다. 즉 기한이 있어야만 목표라 할 수 있으며 기한을 정하지 않는 목표는 총알 없는 총이며 칼 없는 칼집과 같다. 기한이 있어야 목표가 뚜렷해져 에너지가 생기고, 몰입하게 되며 그 결과로 성과가 나온다. 기한 없는 목표는 아무런 쓸모가 없는 김빠진 사이다와 콜라, 맥주와 펑크난 타이어와 같다.

당신의 목표달성은 상황에 따라 무척 힘들고, 고통의 연속일지 모른다. 아무리 그렇다고 하더라도 현재 지금의 당신은 삼중고는 아니지 않는가? 눈이 보이지 않고, 말할 수 없고, 들을 수 없었던 헬렌 켈러를 생각해보자. "나는 나의 역경에 대해서 하느님께 감사한다. 왜냐하면 나는 역경 때문에 나 자신, 나의 일, 그리고 나의 하느님을 발견했기 때문이다." 즉 신은 결코 높은데 존재 하지 않는다. 예로부터 법당 안에서 경전을 설한 고승은 깨달음이 없었으나, 법당의 마당을 매일 쓸었던 사람은 깨달음이 왔다는 말이 있다. 이것은 무엇을 말하는 걸까? 언제 어디서든 어떤 상황에서도 아무리 큰 난관이오더라도 좌절하거나 포기하지 말아야 한다. 비록 하고 있는 일이 아무리 하찮고, 작은 일이라도 경솔하지 않고 정성을 다해야 한다. 지속적으로 행할 때 지속은 엄청난 힘이 된다. 당신은 최선의 노력이 아니고, 정말 온 힘을 다했는가? 당신은 온몸이 부서질 정도로 완전함을 추구했는가? 이것이 진인사대천명(盡人事待天命)의 진리(眞理)이다. 신은 결코 높은데 있지 않다.

지금, 당신의 위대한 목표는 무엇입니까? 아인슈타인 박사는 목표에 대해서 "목표들은 살아 있는 그 무엇인가로 거기에 존재하고 있으며, 그것의 존재를 정당화할 길을 찾을 필요는 없다고도 말할 수 있어야 합니다. 그 목표들이 존재하게 되는 것은 눈에 뛰는 어떤 증거를 통해서가 아니라 계시를 통해서, 말하자면 어떤 막강한 존재의 매개를 통해서입니다." 그리고 "어떤 수단이든 그 뒤에 살아 있는 정신이 없다면, 그 수단은 무딘 도구에 지나지 않습니다. 하지만 목표의 성취를 향한 갈망이 우리 내면에 살아 꿈틀거린다면 우리는 그 목표에 닿는 수단을 발견하고, 그 수단을 행동으로 바꿔놓을 힘을 얻게 될 것입니다." 즉 인류에 대한 사랑과 당신의 영혼은 불멸의 미션이다. 바로 이것으로부터 오는 영감과 열정이 가미된 비전의 목표는 신이 감동 할 수밖에 없다. 도저히 불가능한 위대한 일들을 완성할 것이다. 지금 당신은 비전을 달성하기 위해 무엇으로 어떻게 가고 싶습니까?

〈그림8〉 깨어 있는 역량경영

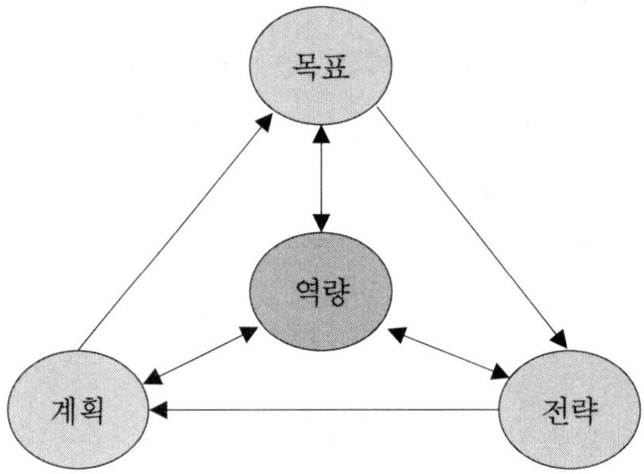

【목표 영성지수 진단】

다음은 우리조직과 나의 "깨어있는 목표 영성지수(Lamp Spirituality Quotient For Goal)"을 진단하는 체크리스트입니다. 점수는 각 번호 당 10점입니다.

1. 비전을 달성할 수 있는 구체적인 목표를 가지고 있습니까?
2. 목표를 달성할 수 있도록 방향을 찾아주고 이끌어 주는 가이드라인이 있습니까?
3. 목표는 전략적 우선순위에 맞게 정렬되어 있습니까?
4. 목표와 계획에 구성원들의 포부가 충분히 담겨 있습니까?
5. 목표설정 과정이 구성원들에게 긍정적인 에너지를 낳게 하고 있습니까?
6. 구성원들은 누가 무엇에 책임을 지는지 명확히 공유하고 있습니까?

7. 과제와 책임을 분명히 위임할 수 있는 방법이 있습니까?
8. 측정과 도달이 가능하며 달성기간이 정해져 있습니까?
9. 능력이상의 목표는 대화를 통해 상사의 지원과 지도를 받고 있습니까?
10. 목표를 달성하기 위해서 핵심성공요인을 설정하여 관리하고 있습니까?
11. 목표를 달성하기 위해서 주요한 관리항목을 설정하여 관리하고 있습니까?
12. 달성도는 인사평가 점수로 변환하여 활용하고 있습니까?

우리조직과 나의 "깨어있는 목표 영성지수"는 Total 몇 점입니까?

조직 ; 점

나 ; 점

측정점수가 나왔습니까? 당신과 조직의 영성지수의 수준을 알 수 있습니다. 점수의 해석은 다음과 같이 해석하시고 결과에 따라 신중하고 정확한 대응방법을 생각하십시오.

* 120~100점 영성경영 3.0, 경영이념 3.0입니다. '훌륭합니다.'만 유지가 필요합니다.
* 99~60점 영성경영 2.0, 경영이념 2.0입니다. '좋습니다.'만 변화가 필요합니다.
* 59~0점 영성경영 1.0, 경영이념 1.0입니다. '절망적입니다.'만 혁신이 필요합니다.

만약, 당신과 당신의 조직점수가 절망적이라면 희망과 용기를 가지고, 가치와 비전을 신중히 검토하십시오. 없다면 새롭게 디자인 하십시오. 혹시, 맨토가 있으십니까? 그렇다면 걱정하지 마시고 의논을 하십시오.

제5장

전략(Strategy)

전략은 전쟁을 승리로 이끌기 위한
가장 중요한 생각이다. 즉, 경쟁자보다 경쟁우위를 확보하며
궁극적으로 목표를 달성하는 방법을 말한다.

당신은 목표를 달성하기 위해 무엇에 집중하고 어떻게 행동하고 있습니까?

일찍이 알프레드 챈들러는 조직구조는 전략을 따른다는 유명한 명제를 탄생시켰으며 "전략이란 조직의 장기적인 목표를 결정하고, 목표달성을 위한 행동을 결정하며 경영자원을 분배하는 활동"이라고 갈파했다. 아무리 뛰어난 전략이라도 적합한 인재를 선정하고, 구체적인 운영프로세스와 행동을 촉진하는 문화가 뒷받침되지 않으면 실행할 수 없다. 실행할 수 없으면 성과는 없고, 전략은 더 이상 의미가 없다. 또한 겐이치 오마에는 "전략이란 경쟁자보다 경쟁우위를 확보하기 위해서 효율적인 방법으로 조직의 경쟁우위를 상승시키는 것"이라고 언급했다. 따라서 전략은 미래가 불확실한 상황에서도 현실을 뛰어넘는 사고로 경쟁우위를 가져다주는 행동을 선택해야 한다. 단기적으로는 조직의 재무적 안정성을 확보하며, 장기적으로는 지속가능성을 유지시키는데 전략적 의사결정은 조직에 강한 영향력을 미치기 때문이다. 당신은 목표를 달성하기 위해 무엇에 집중하고 어떻게 행동할 것인가?

우리는 분명하고 확실한 믿음을 갖고, 행동하기를 좋아한다. 그러나 우리를 둘러싼 어둠은 너무나 깊다. 우리에게 무슨 일이 일어날 것인가? 우리 앞에 어떤 가능성이 있는가? 우리는 무엇을 해야 하는가? 조직이 전략방향을 결정한다는 것은 무엇인가? 조직의 전략적 의지를 반영한 장기적인 비전을 만들어 내는 것과 관계가 깊다. 리차드 와이즈만은 "왜 특정한 사람에게만 행운이 되풀이되는지를 연구한 결과, 운 좋은 사람들에게는 공통점을 발견했다. 그것은 바로 그들이 불확실성을 즐긴다는 점이다. 운이 별로 없는 사람들은 항상 확실한 것만 찾고, 불확실한 상황에 자신을 노출시키지 않는데 비해 운 좋은 사람들은 불확실한 상황에 더 많이 관여했다." 즉 전략이 필요한 것은 미래가 불확실하기 때문이다. 그러므로 전략을 추진하는 가운데 무수한 장애물이 나타났다 사라진다. 장애물과 기회의 차이는 무엇인가? 당신과 우리의 태도에 달려있다. 모든 기회에는 누구나 어려움이 따르며, 반대로 모든 어려움에도 불구하고 누구나 기회는 있다.

당신은 언제든 미래와 만날 준비가 되어 있는가? 미래는 이미 우리 앞에 와 있다. 당신이 현재 무엇을 어떻게 행동하느냐로 미래를 알 수 있다. 전략적 사고와 창조적 예술가들은 무엇이 공통점일까? 전략적 본질은 단 한 번에 쏟아져 나오지 않는다. 수많은 분석과 통찰의 세계이며 몰입과 집중의 세계, 내려놓음과 비움의 세계이기 때문이다. 피카소는 "누구에게나 같은 양의 에너지가 잠재되어 있기 마련이다. 하지만 사람들은 보통 여러 가지 하찮은 일에 정력을 소비하고 만다. 나는 단 한가지 일, 즉 그림에만 내 에너지를 소비할 뿐이다. 그림을 위해 다른 모든 것은 희생될 것이며 거기에는 모든 사람들 그리고 물론 나 자신까지 포함된다." 고 갈파했듯이 집중과 몰입, 비움은 상당히 어려운 경지이므로 누구나 할 수 있는 것이 아니다. 천재였던 미켈란젤로도 작품에 몰입하기 전 반드시 6개월 이상을 휴식하고, 명상했듯이 창조적 습관과 영감은 삶의 관조와 깨달음에서 온다. 즉 통찰력 있는 사고와 본질을 추구하는 전략적 사고는 깨달음에서 시작한다.

오늘 당신이 무엇을 선택하느냐에 따라 내일 경험하게 될 세상이 달라진다. 내부의 문제를 외부의 시각으로 외부의 문제를 내부 시각으로 보면서 스스로를 차갑게 돌아보아야 한다. 무엇을 잘할 수 있는지? 무엇을 잘해야 하는지? 진정으로 핵심역량을 가지고 있는지? 구조이건 전략이건 프로세스건 사람이든 보상이든 당신 안에 잠들고 있는 영혼의 거인을 일깨워서 당신과 조직만의 핵심역량을 선택해 다른 기업보다 탁월하도록 장기간 집중하고, 몰입해야 한다. 만유인력의 법칙을 알아낸 뉴턴은 하루 종일 내내 그 생각만 했으며, 상대성원리를 알아낸 아인슈타인도 몇 달 몇 년이고, 그것만 생각하고 또 생각했던 것이다. 고정관념을 타파하고, 상상력의 현실을 뛰어넘는 사고는 먼저 뿌리를 튼튼하게 만들고, 많은 가지를 뻗어야 하며 핵심역량을 중심에 두고, 강점을 활용할 수 있는 새로운 분야로 영역을 넓혀나가야 한다. 기존의 게임을 잘 하려 하지 말고, 새로운 게임의 틀을 만들어서 스스로 혁신적 비즈니스모델을 창조함으로써 경쟁 자체가 필요 없도록 만들어야 한다. 물론 핵심은 창조적 파괴이며 가장 큰 문제는 타인보다도 끊임없는 자신과의 경쟁이다. 또한 이것은 가장 어려운 길이기 때문에 누구나 갈 수 있는 길이 아니므로 여전히 희망은 남아있다.

당신은 이론과 개념 등 추상적인 것에 신경 쓰고 있는가? 인간과 조직은 현실세계에 대한 선택이 중요하다. 상품과 서비스를 생산하는데 혹시 작품을 하고 있다고 못 마땅한 적이 있는가? 그렇다면 이제는 이것을 소중히 반겨야 한다. 이론이나 관념의 세계에 들어가지 않고서는 진정으로 현실이 될 수 없다. 왜냐하면 이론은 생각이 아니며, 사실을 개념적으로 설명하는 수단이고, 미래의 가능성을 이해하며, 예측하는 데 필요하기 때문이다. 한편으로 우리가 이론을 뛰어넘는 사고의 자유로움을 가져야 하는 중요성이 무엇일까? 몰리에르는 "사람들이 그토록 많은 열정을 가지고 있으면서도 자기방식으로만 사물을 보는 모습은 정말 의아하다." 고 갈파했다. 즉 우리가 사고하는 일, 사람들에게 사고할 시간을 주는 일, 사고하도록 격려하는 일, 자신이 무엇에 대해 사고하는지 또한 어떻게 사고하는지에 대해 사람들과 이야기하는 일에 가치를 두지 않는다면 이전에 했던 고정된 사고의 노예가 될 수밖에 없는 것은 불 보듯 자명한 일이다.

지금 조직의 핵심적 사고는 무엇인가? 경쟁에서 이기는 것이다. 바로 생존을 통한 자유경쟁의 진보이며 보다 더 개방성과 융통성, 가능성을 인식하고 자유로운 마음을 여는데 관심과 집중이 필요하다. 만약, 당신과 조직의 사고가 갖는 힘을 계속 통제하고 억압한다면, 우리가 직면하고 있는 혼란스럽고, 복잡한 상황에서 경쟁우위를 계속 잃어가는 길뿐이다. 억압은 강요와 위협으로 조작으로 이어지며 결국 이러한 조직과 개인은 붕괴되고 만다. 이것이 역사의 귀중한 교훈이다. 역사의 과거를 망각하는 사람들은 역사의 과거를 되풀이 할 수밖에 없다. 역사는 정보와 지식이 아니라 지혜이다. 마찬가지로 미래를 생각하지 못하는 사람들은 미래를 가질 수 없다. 사고는 행동에 우선해야 하고, 이론은 실제에 우선해야 하며 미래에 대한 가능성을 볼 수 있는 통찰력을 필요로 한다. 전략은 무엇인가? 앞으로 어떤 일이 일어 날것인가에 대한 인식과 우리 앞에 놓인 것들에서 가능한 것이 무엇인지 이해하는 것이며 우리가 그것들에 대해 무엇을 해야 하는지에 대한 선택이다.

당신과 조직은 미래를 어떻게 열고 싶은가? 전략의 본질은 의식의 문제다. 전략은 당신과 조직의 목적인 미션과 원칙인 핵심가치, 그리고 비전과 목표로부터 원천적인 에너지를 가질 수밖에 없다. 왜냐하면 전략은 우리가 생각하고, 행동하는 것들에 있어 총체적으로 의미와 가치를 부여하기 때문이다. 따라서 내면의 성찰과 의문을 통해 보다 더 깊은 통찰력과 새로운 무엇인가, 과거보다 나은 일 처리방식을 끊임없이 탐구해야 한다. 문제는 현재보다 미래다. 미래는 어떻게 될 것인가? 미래에는 어떤 일들이 일어날 것인가? 왜 우리는 이 사업을 하고 있는가? 왜 고객들은 우리제품과 서비스를 구매하는가? 미래에 기여할 수 있는 방법은 무엇인가? 사실 미래는 실재하는 것이 아니고, 우리의 마음에만 존재한다. 미래는 우리가 알 수 없고, 통제할 수 없는 불확실성이 존재하기 때문에 신중하게 선택해야 하는데 바로 문제가 있다. 소설가 윌리엄 깁슨은 "미래는 이미 일어났어, 아직 충분히 퍼지지 않았을 뿐이야" 즉 미래는 보이지 않는다. 그러나 미래가 다가오는 것을 감성으로 느끼고, 통찰력으로 보지 못한다면 미래를 창조할 수 없으며 앞서 나갈 수 없지 않는가?

전략적 의사결정 전에 중요한 선행질문은 무엇인가? 우리의 미래와 장래를 얼마나 멀리 내다 볼 것인가? 우리의 사업을 앞에서 이끄는 가치는 무엇인가? 우리의 전략의 바탕인 외부환경에 대해 어떤 가정을 하고 있는가? 기존 및 새로운 고객그룹에게 무엇을 제공할 것인가? 당신과 조직은 어떠한 역량을 가지고 있는가? 또 다른 새로운 제품과 서비스를 준비해야 하는가? 새로운 제품 및 서비스의 기회를 평가하는 데 어떤 기준을 사용할 것인가? 새로운 시장기회를 평가하는데 어떤 기준을 사용할 것인가? 고객들에게 정말 의미 있는 요소들은 무엇인가? 그 요소들 가운데 우리는 어디에서 가장 경쟁우위가 있는가? 현재의 제품 및 시장 영역 중 어디에 가장 중점을 둘 것인가? 새로운 제품 및 시장 영역 중 어디에 가장 중점을 둘 것인가? 전략실현을 평가하기 위해서 어떤 재무 및 비 재무 측정지표를 사용할 것인가? 우리의 전략과 비즈니스모델 그리고 비즈니스 프로세스가 확실히 연동되고 있는가? 우리의 사업은 사회적 책임과 어떻게 연결되고 있는가? 우리의 비즈니스는 창조적 파괴가 지속적으로 일어나고 있는가?

왜 창조적 파괴가 중요한가? 급변하는 환경에서 전략이 모방되고, 대체되는 오늘날 스스로를 보호하는 유일한 방법은 스스로를 파괴하는 것이다. 조직의 자원을 통제하는 능력이 곧 개인의 영향력으로 통하지만 무엇보다도 경영진이 전략에 관한 의사결정을 독점하지 않아야 한다. 특정한 시장이나 상품군에 귀속된 상태를 파괴해야 하며 상황에 맞는 전략을 선택할 여지를 늘 준비해야 한다. 왜 그럴까 현장에 진리가 있기 때문이다. 우리가 이런 의사결정을 내리면 무슨 문제가 생길까? 우리가 생각하지 못한 부분은 무엇이 있을까? 다른 사람들 혹은 경쟁자는 어떻게 생각할까? 가능하다면 왜 조직이 작고, 적응성이 빨라야 하는가? 구성원들의 나이와 성별, 기술과 업계 경험 등 다양성을 고려하고, 구성원들의 불만을 촉진하며, 반대의견을 자유로이 얘기할 수 있도록 권장하고, 조직은 치열한 토론으로 전략적 의사결정의 질을 높이면서 변화에 가장 잘 적응할 수 있도록 준비해야 한다. 즉 새로운 전략대안을 끊임없이 도출하고, 실험을 신속히 하는 조직이 변화와 혁신으로 지속가능할 가능성이 높다. 따라서 창조적 파괴란 먼저, 새로운 전략적 대안을 창출하고, 실험하는 역량을 갖춰야 한다. 지금 당신은 목표를 달성하기 위해 무엇에 집중하고 어떻게 행동할 것인가?

【전략 영성지수 진단】

다음은 우리조직과 나의 "깨어있는 전략 영성지수(Lamp Spirituality Quotient For Strategy)"를 진단하는 체크리스트입니다. 점수는 각 번호 당 10점입니다.

1. 비즈니스의 핵심우선순위가 무엇인지 명확히 알고 있습니까?
2. 경쟁우위를 위해 몇 개의 명확한 전략 우선순위가 있습니까?
3. 우선순위를 모든 핵심 이해관계자들에게 설득력 있고 고무적인 방식으로 전달합니까?
4. 상상 할 수 있는 것 이상의 가능성까지도 자유롭게 의견을 나누고 있습니까?
5. 개방적이고 융통성이 있으며 자유로운 마음을 얻기 위한 고민의 과정이 있습니까?
6. 기업의 성장, 수익성, 효율성을 제한하고 있는 핵심이슈를 가지고 있습니까?
7. 핵심이슈를 효과적으로 해결하기 위한 방안들이 준비되고 실천되고 있습니까?
8. 환경예측이 불가능하더라도 몇 가지 가능성을 예상할 수 있으며 방안을 갖고 있습니까?
9. 어떤 기회와 위협이 존재하는지 그것을 어떻게 활용할 수 있는지 대안이 있습니까?

10. 경쟁사에 비해 차별적인 핵심역량을 확보하고 있습니까?
11. 결정된 전략은 반드시 실천하고 있으며 그 결과는 성공하고 있습니까?
12. 경쟁우위를 구축하고 구체적인 내부비즈니스 시스템을 통하여 관리 운영하고 있습니까?

우리조직과 나의 "깨어있는 전략 영성지수"는 Total 몇 점입니까?

조직 ; 점

나 ; 점

측정점수가 나왔습니까? 당신과 조직의 영성지수의 수준을 알 수 있습니다. 점수의 해석은 다음과 같이 해석하시고 결과에 따라 신중하고 정확한 대응방법을 생각하십시오.

* 120~100점 영성경영 3.0, 경영이념 3.0입니다. '훌륭합니다.'만 유지가 필요합니다.
* 99~60점 영성경영 2.0, 경영이념 2.0입니다. '좋습니다.'만 변화가 필요합니다.
* 59~0점 영성경영 1.0, 경영이념 1.0입니다. '절망적입니다.'만 혁신이 필요합니다.

만약, 당신과 당신의 조직점수가 절망적이라면 희망과 용기를 가지고, 가치와 비전, 그리고 목표를 신중히 검토하십시오. 없다면 새롭게 디자인 하십시오. 혹시, 맨토가 있으십니까? 그렇다면 걱정하지 마시고 의논을 하십시오.

제6장

계획(Planning)

계획은 전략을 완성하는 가장 중요한 수단이다.
즉, 우선순위를 확립하고, 이에 대한 계획을 말한다.
계획하지 않는 것은 실패를 계획하는 것이다.

당신의 목표를 달성하기 위한 구체적인 실천계획은 무엇입니까?

일찍이 나폴레온 힐은 "잘 지어진 모든 집은 설계도라는 명확한 계획과 함께 시작된 것이다." 라고 말했으며 노먼 빈센트 필은 "오늘과 모든 날을 위해 당신의 일을 계획하라. 그런 다음 오늘과 모든 날에 당신의 계획을 실행에 옮겨라." 라고 갈파했다. 계획과 실행은 중요 수단이다. 그러나 단순히 계획을 행동에 옮기는 것이 반드시 미래의 경쟁력이 되는 것은 아니다. 항상 시시각각 변화하는 상황을 미묘하게 수정해 가는 열린 피드백을 통해 실행되어야 한다. 인생과 비즈니스는 여행이다. 위대한 여행은 미션을 가지고 있으며 원대한 여행은 비전으로부터 시작되고, 성공적인 여행은 계획을 가지고 있다. 명확한 미션이 있는 사람은 가장 험난한 길에서조차도 앞으로 나아가고, 아무런 미션도 없는 사람은 가장 순탄한 길에서조차 앞으로 나아가지 못한다. 그러나 위대한 미션은 비전을 향한 방향성을 가진 목표가 필요하며 그 지점에 도달하기 위해서는 전략적 계획이라는 수단을 통해서만 비로소 가능하다. 당신은 목표를 달성하기 위한 구체적인 실천계획이 무엇입니까?

당신은 과연 어떤 삶을 살고 싶은가? 당신은 어떤 사람이 되고 싶은가? 인격완성과 자기실현을 위한 장기적인 성장계발계획이 있는가? 어떤 직업을 통해서 어떠한 경력들이 필요하고, 또 어떻게 개발해 갈 것인가? 궁극적으로 당신의 유산은 무엇인가? 헨리 카티스는 "자신의 계획을 가능한 환상적으로 세워라 앞으로 25년 후면 그것이 평범하게 보일 것이기 때문이다. 자신의 계획을 애초에 계획했던 것보다 10배는 크게 만들라. 앞으로 25년 후면 그것을 왜 50배 크게 하지 않았을까 하고 의아해 할 것이다." 라고 언급했다. 즉 궁극적 계획은 위대한 미션과 원대한 비전을 말하며 더 나아가 목표를 뜻한다. 누구나 모두 자기분야에 전문가가 되고 싶지만 정확히 자신의 인생에 대한 로드맵이 없다면 구체적인 계획서가 있을 리가 없다. 즉 막연히 주어지는 대로 그냥 갈뿐이다. 대체로 한 분야에서 어떤 일을 정확하고, 능률적으로 해내는 일류의 솜씨는 얼마정도의 시간이 필요할까? 실제로 일을 훌륭하게 해낼 수 있는 능력을 갖춘 전문가가 되려면 1만 시간의 10년 법칙이 존재한다는 것이 정설이다. 우리말에 10년이면 강산이 변하고, 10년이면 도(道) 닦는다는 말도 있으며 또한 10년 공부가 물거품, 도루아미타불이라는 말이 있다. 즉 전문가가 되는데 최소한 10년의 꾸준한 인내와 실천이 없으면 불가능하다는 사실을 강조하고 있는 것이다.

우리에게 미래의 문제는 과연 무엇일까? 미래는 확실성이란 전혀 존재하지 않기 때문에 인과관계의 예측에 의한 계획들은 결코 오지 않을 미래를 준비하는 결과를 가져올 수 있다. 진정 계획을 수립하는데 절대적이고 중요한 문제는 무엇일까? 목표달성 방법이 아닐 수도 있지 않을까? 그렇다면 절대적이고 중요한 문제는 뭘까? 즉 변할 수 없는 것은 무엇인가? 당신은 되고자 하는, 되고 싶은 것이 무엇인가? 당신이 어느 위치에 있기를 원하는가? 처음부터 그렇게 되겠다고 생각한 것이 무엇인가? 당신과 조직에게 일어날 수 있는 최악의 사건들을 가정했는가? 이 상황을 해결하기 위한 시나리오를 마련했는가? 당신은 각각 위기상황을 기회로 바꾸기 위한 구체적인 프로그램이 있는가? 계획이란 무엇인가 미래의 목표와 그 목표를 달성하기 위한 방법을 도출해 나가는 것을 말하며 경영의 순환과정의 한 단계로서 조직이 추구하는 목표를 정하고, 달성하는 방법은 대체로 경영자의 책임과 몫이지만 가능하면 모든 구성원들이 참여하여 함께 고민해 가야 한다. 왜냐하면 계획은 조직별 계층별 이해와 공감대가 얼마나 형성되어 있는가에 따라서 현장의 실행 면에서 많은 차이가 날 수 있다. 목표를 달성하기 위해 구성원 각자가 완수해야 할 장 단기적 성과목표에 필요한 자원들을 미리확인하고, 적절하게 확보하지 않는다면 당신의 계획은 실패로 돌아갈 가능성이 있다. 즉 계획하지 않는 것은 실패를 계획하는 것과 마찬가지이기 때문이다.

조직과 당신의 계획은 무엇인가? 미래에 성취하려는 목표와 그 달성방법을 담당자별로 기간별로 자원이 어디에 사용되며 우선순위에 대한 명쾌한 설명으로 시간과 에너지, 사람과 돈이 연계된다. 계획은 합리적인 분업 및 권한과 책임을 통해서 효과적으로 목표달성을 위한 상호협력, 표준과 기준의 설정과 피드백을 통해 일의 진척과정에 대한 성공과 실패를 알 수 있으므로 안정적인 운영활동을 돕는다. 궁극적으로 체계적인 경영활동을 지원하며 인적 및 물적 자원의 합리적 배분을 가져와 효과적인 생상성에 기여 한다. 그러므로 목표를 달성하기 위해 어떤 구체적인 행동을 취할지 계획을 실행하기 전, 초기에 필요한 모든 자원을 설정하는 것이 중요하다. 당신의 목표와 전략, 계획을 달성하려면 무엇을, 어느 정도, 언제까지, 어떻게 달성할 것인가에 대한 일관성과 상호연관성이 필요하다. 목표를 달성하기 위한 주요 전략적 프로젝트는 무엇인가? 정보와 권한, 책임은 어떻게 공유할 것인가? 리더들은 조직을 어떻게 이끌어 갈 것인지? 주요한 과제를 담당할 책임자는 누구인가? 과제의 핵심성공요소는 무엇인가? 위험과 리스크에 대한 구체적인 행동은 무엇인가? 어느 정도 도달했는지 성공했는지를 알 수 있는 측정지표는 무엇인가? 구성원들의 성과를 어떻게 평가할 것인지? 즉 당신의 조직문화가 어떠한가에 따라서 계획의 정도는 매우 달라질 것이다.

당신은 계획이 왜 필요하다고 생각하는가? 한치 앞도 내다 볼 수 없는 상황에서 미래 목표와 현실간의 갭이 크고, 환경변화의 정도가 크면 클수록 계획은 변화지향적인 성격을 가져야한다. 계획은 우리가 무엇을 가장 먼저 해야 할지를 알고, 그 일이 조직전체의 목표를 위해서 어떻게 기여되며 또 구체적으로 어떻게 평가받을 것인가에 대한 것으로 궁극적으로 구성원들의 사기와 성취감으로 나타나게 된다. 변화가 심하고, 불확실한 미래에 대비할 수 있기 때문에 그때그때 마다 즉흥적으로 대응할 때보다 좋은 결과를 가져 올수 있다. 또한 한정된 자원을 사용하는 과정에서 중요한 과업이 무엇인지? 어떤 프로세스로 진행하는 것이 좋은가를 제시함으로써 효율적이고 효과적으로 생산성을 향상시킬 수 있다. 지금 조직이 필요한 자원은 무엇인가? 또 앞으로 필요한 자원은 무엇인가? 미래에 닥쳐올 여러 기회와 위험들을 인식하고 있는가? 풍부하고 정확한 데이터의 수집 및 분석을 통해 정보와 지식을 축적하고 있는가? 예측가능성을 높이며 이를 조직의 경쟁우위에 적극 활용하여 기회를 포착하고 있는가? 만약 여건이 변하지 않고, 지극히 안정적인 상황에서는 별다른 계획이란 필요 없을 것이다. 단지 어떤 방법을 택할지에 대한 선택만 하면 될 것이기 때문이다. 따라서 급속히 변화하는 환경에서 생존하려면 조직은 고객에게 집중하고, 신상품과 서비스개발, 프로세스의 변경과 조직구조의 크고 작은 변신의 노력을 계속해야 한다.

계획은 고정불변인가 계획에 대한 비판은 무엇일까? "신의 비웃음을 사려면 계획을 세워라." 는 속담이 있듯이 계획대로 행동하는 것이 얼마나 어려운 일인지 또한 무모한 일인지를 극명하게 보여주는 말이다. 그러나 반대로 "신의 긍정적인 웃음" 으로 바꾸려면 어떻게 해야 할까? 당신과 조직은 어떤 목적을 갖고 있건, 무슨 일을 하건 예측가능성을 높이면서 시간과 자원을 효과적으로 관리하지 못한다면 원하는 결과를 얻기란 힘들 것이다. 예를 들어 목표를 달성하기 위해선 누구에게나 주어진 하루 24시간이라는 제한된 자원을 성공적으로 배분해야 한다. 그러나 무엇보다 중요한 것은 시간과 자원은 고정적 개념이 아니라고 생각하는 것, 이런 생각이야말로 출발점이고 마지막이다. 상황은 수시로 바뀌므로 움직이는 과녁을 향해 당신은 계속 앞으로 나아가면서 화살을 당겨야 한다. 그럴 때마다 목표와 우선순위는 상대적 중요성에 따라서 계속 변할 수밖에 없다. 시간과 에너지를 계획대로 관리하고, 통제한다는 것은 어쩌면 환상이며 꿈일 수 있다. 왜냐하면 항상 비정상적이고, 예상치 못한 일들이 수시로 발생하기 때문이다. 이러한 예측 불가능한 사건들을 만날 때 그 변화에 따라 어떻게 대처하며, 대응할지 역동적으로 수정할 계획이 있다면 당신은 균형감각을 유지할 수 있고, 강력한 경쟁우위를 발휘할 수 있을 것이다.

조직의 안정성이란 무엇인가? 계획과 통제는 동전의 앞뒷면과 같아서 계획이 있기 때문에 통제활동이 합리적으로 이루어 질 수 있다. 예들 들어 각 사업본부의 예산은 계획인 동시에 활동을 통제하는 수단이다. 일정계획이 없다면 예산을 세울 수 없으며 시간과 돈, 인력을 낭비할 수밖에 없다. 계획을 통해서 조직전체가 어디를 향해 나아가는지 분명히 이해하고 있을 때는 모두가 일체감을 느끼고, 협조할 수 있으며 곤란을 극복해 갈 수 있다. 이것은 바로 기업차원의 목표가 각 사업본부 및 부서나 팀 목표 그리고 각 담당자와 구성원의 목표와 계층적으로 연결되는 분명한 계획이 있기 때문에 가능한 일이다. 그러나 계획은 계획일 뿐 아무런 경쟁우위가 될 수 없을지도 모른다는 점은 아무리 생각해도 지나치지 않는다. 획일적 계획생산이 아니라 고객의 요구에 따라 실시간으로 생산이 가능해야 하기 때문이다. 즉 목표와 전략적 방향에 따른 장 단기적인 체계적 계획과 항상 시시각각 변화하는 상황을 미묘하게 수정해 가는 열린 피드백을 통해 실행되는 조직은 미래의 위험과 불확실한 상황에 대해서 보다 철저하게 대응할 수 있으며 조직의 적응성에 유효할 것이다.

계획의 올바른 이해는 중요하다. 특히 인적자원은 당신의 계획에 보다 일찍 참여할수록 전반적인 실행에 더 많이 기여하지만 계획은 영원하고, 절대적이며 독립적인 실체가 아니다. 당신은 있는 그대로의 사물과 현실, 현상과 상황을 바라보지 못하고, 과거경험과 고정관념으로 판단한다. 즉 과거부터 행해온 습관이 무의식적으로 반복되어 통제와 관리가 어려운 것이 바로 조직문화다. 그러나 이 습관은 고정불변한 것이 아니며 끊임없이 변하고 흐르는 물과 같이 찰라와 같이 생겨나고 사라지듯 일시적이며 상대적으로 존재하는 것으로 보아야 한다. 그러므로 인류의 지속가능에 도움이 되는 긍정적인 새로운 경험과 앎을 쌓아 감으로써 조직의 품격과 당신의 인격을 완성해 가는 것이 아닐까? 인간이 도(道)를 이루는 길이요 진리며 생명으로 불성(佛性)과 영성(靈性)을 발견하는 관점에서 보면 거쳐야하는 자연스러운 과정일 것이다. 당신은 목표를 달성하기 위한 구체적인 실천계획이 무엇입니까?

【계획 영성지수 진단】

다음은 우리조직과 나의 "깨어있는 계획 영성지수(Lamp Spirituality Quotient For Planning)"을 진단하는 체크리스트입니다. 점수는 각 번호 당 10점입니다.

1. 목표와 전략 그리고 계획이 일관성 있게 상호연결을 갖고 있습니까?
2. 업무계획은 전략 우선순위에 맞게 정렬되어 있습니까?
3. 전략과제별 담당 책임자와 완료기한이 계획되어 있습니까?
4. 목표달성을 위한 어떤 구체적인 행동을 취할지 결정되어 있습니까?
5. 정의된 전략과 목표에 대한 실행과정을 진척관리 하고 있습니까?
6. 자원이 어디에 사용되어야 하는지 우선순위가 명확히 선정되어 있습니까?
7. 특정 활동이 종료되면 자원을 신속하고 적절히 배분하는 과정이 있습니까?
8. 핵심목표를 달성하기 위한 필요자원들은 사전에 확보하고 있습니까?
9. 주요 관리항목들을 관리할 측정해야 하는 요소들을 사전에 결정하고 있습니까?

10. 목표달성을 위한 달성계획 및 실행결과에 대해서 점검하고 있습니까?
11. 목표달성을 위한 필요자원들은 계획적으로 지원하고 있습니까?
12. 리스크와 장애물을 제거하기 위한 계획들을 단계적으로 가지고 있습니까?

우리조직과 나의 "깨어있는 계획 영성지수"는 Total 몇 점입니까?

조직 ; 점

나 ; 점

측정점수가 나왔습니까? 당신과 조직의 영성지수의 수준을 알 수 있습니다. 점수의 해석은 다음과 같이 해석하시고 결과에 따라 신중하고 정확한 대응방법을 생각하십시오.

* 120~100점 영성경영 3.0, 경영이념 3.0입니다. '훌륭합니다.'만 유지가 필요합니다.
* 99~60점 영성경영 2.0, 경영이념 2.0입니다. '좋습니다.'만 변화가 필요합니다.
* 59~0점 영성경영 1.0, 경영이념 1.0입니다. '절망적입니다.'만 혁신이 필요합니다.

만약, 당신과 당신의 조직점수가 절망적이라면 희망과 용기를 가지고, 목표와 전략을 신중히 검토하십시오. 없다면 새롭게 디자인 하십시오. 혹시, 맨토가 있으십니까? 그렇다면 걱정하지 마시고 의논을 하십시오.

【역량경영 레이더차트 그리기】

다음은 '역량'에 관한 우리조직과 나의 "깨어있는 영성지수(Lamp Spirituality Quotient)"를 종합 진단하는 레이더차트입니다. 앞에서 기록한 점수를 기입하시고 나는 빨강, 조직은 파랑색깔로 마킹하시고 직선으로 연결하십시오. 그리고 앞장에서 '영성'에 관한 마킹도 연결합니다.

1. 목표(Goal)

   ① 조직; 점 ② 나; 점

2. 전략(Strategy)

   ① 조직; 점 ② 나; 점

3. 계획(Planning)

   ① 조직; 점 ② 나; 점

〈그림9〉 역량에 관한 '깨어 있는 영성지수'

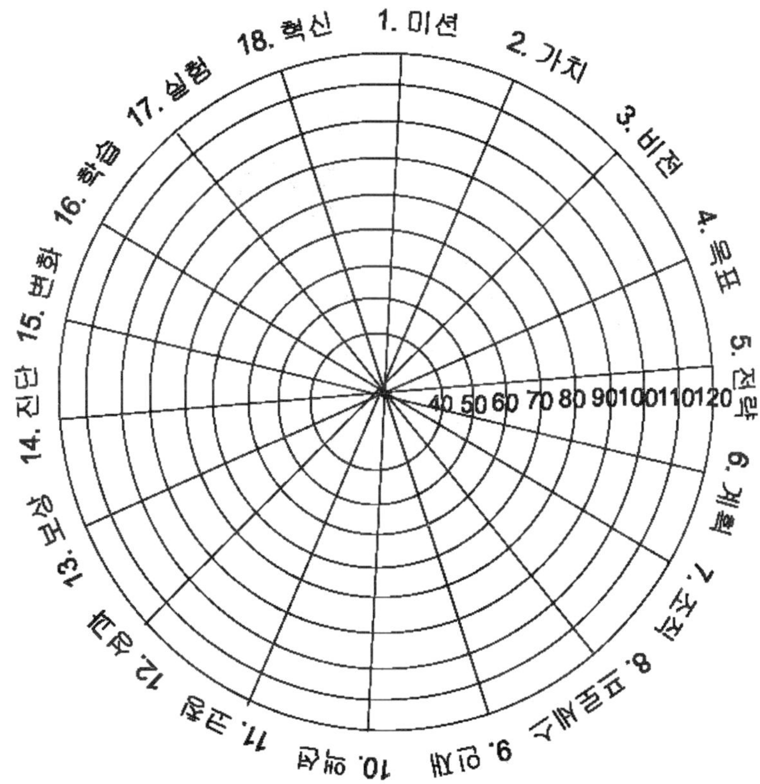

"내가 비즈니스에서 성공하기위해 지키며 살아온 원칙이 하나 있다면, 그것은 항상 주변에 비즈니스에 대해 나보다 더 잘 아는 동료를 두기 위해 애쓰는 것이다. 이 방책은 항상 성공적이었고, 지금도 내게 효과를 안겨주고 있다."

몬테 L. 빈

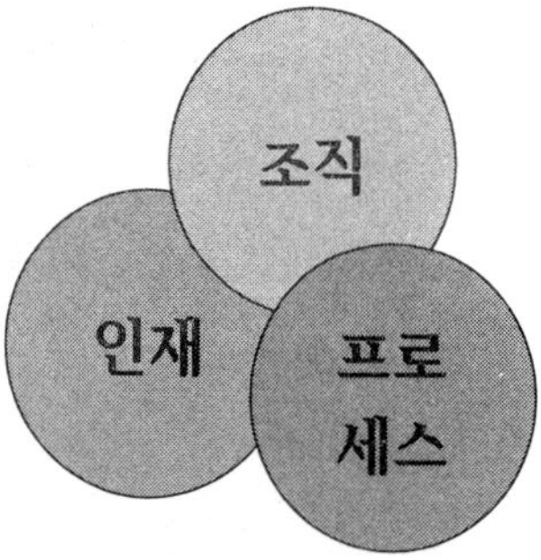

제3부

관계경영

나와 우리는 누구와 함께 갈 것인가?

<이병철; 李秉喆, 1910-1987>

"나는 내 인생을 통해서 한 80%는 인재를 모으고 기르고 교육시키는데 시간을 보낸 것 같다. 나는 우수한 인재를 널리 그리고 많이 확보하기 위하여 지연, 혈연, 학벌 등에 구애받지 않고 능력과 적성에 따라 적재적소에 배치하였으며 부단한 교육훈련으로 개개인의 능력을 개발 신장시키고, 공평 적정한 인사고과로써 책임과 노력에 상응하는 좋은 대우를 해 주려고 노력해 왔습니다."

"기업경영에 있어서 개인과 조직 전체간의 조화를 강조해 왔습니다. 개인의 자유스러운 창의가 집단에 계속되는 이른바 집단주의가 아니라 공동체적인 결합 속에 개인과 전체가 조화롭게 공존할 수 있는 인간적 기업조직을 나는 추구하여 온 것입니다."

"세상에는 돈이 돈을 번다는 얘기나 권력이 돈을 번다는 말이 유포되고 있지만 돈을 버는 것은 돈이나 권력이 아니라 사람인 것이다. 자본은 사람이고, 돈은 가금이라는 말도 있지만 세상의 많은 사람들은 사람이 기업을 경영한다는 소박한 원리를 잊고 있는 것 같다. 나는 기업생활 30여 년을 통해 기업은 사람이라는 경영이념을 절감했고 실천해 왔다."

"미국으로 가보자. 미국에는 숨어있는 한국인 과학자가 많을 것이다, 그런 사람들 가운데에는 미국에서 전자공학을 전공해 박사학위를 받았으나 국내에서는 자신의 지식과 능력을 발휘할 만한 곳이 없어 부득이 미국에 주저앉아 연구소나 기업체에서 연구 활동을 계속하고 있는 이들이 있을 것이다. 그러한 고급 브레인들을 한 곳에 모아 반도체를 연구하게 해서 개발된 것을 국내로 들여와 양산하면 될 것이다."

"미국의 IBM, 모토롤라, 일본의 이데미츠 같은 세계적인 기업들이 노조 없는 기업경영으로 성장한 케이스다. 이 기업들의 공통점은 노조의 필요를 느끼지 않도록 모든 직원에게 성의를 다해 대우하고 신뢰할 수 있는 직장을 만들었다는 것이다. 두고 보면 알겠지만 앞으론 우리나라에서도 노조원이 등을 돌리는 노조, 아니 노조를 자진 해산하는 기업들이 점점 생겨 날 것이다."

제7장

조직(Organization)

조직은 계획을 완성하는 가장 중요한 수단이다.
즉, 전체와 부분이 하나로 통합되며, 상호간의 관계와 협력에
의해 목표와 전략을 계획대로 실천하는 것이다.

당신은 목표를 달성하기 위해 누구와 함께 실행하고 싶습니까?

일찍이 피터 드러커는 "조직이 인재를 100% 활용하고 있는지 그리고 사람들로 하여금 능력을 활용할 수 있도록 자극하는 작업방식을 제공하고 있는지 물으면 답은 아니다." 라고 말하며 "노동자를 단순히 생산비용으로서가 아닌 지속적이고, 가치 있는 기여를 할 수 있는 능력이 있는 자원으로 대우해야 한다." 고 갈파했다. 즉 조직은 구성원들과 함께 의식이 깨어야 한다. 게리하멜은 "조직은 계급위주가 아니라 정보와 대화위주로 구축되어야 한다. 나의 임무수행을 위한 필요한 정보는 무엇이며 누구로부터 언제 어떻게 입수해야 할 것인가? 다른 사람들이 그들의 임무를 더 잘 수행해 나갈 수 있도록 내가 제공해야 할 정보는 무엇이며 그 형식과 시기는 어떻게 하는가? 모든 직원이 그들의 상관과 동료에게 정보를 제공하고, 그들 스스로가 무엇인가를 알고 해야 한다는 의식의 책임자가 되어야 한다." 고 언급했다. 당신은 목표를 달성하기 위해 누구와 함께 행동하고 싶습니까?

당신과 조직은 목표 달성을 위해 공동의 노력이 필요할 때 여러 사람의 협력관계를 형성하고 조정하며, 공동의 목표에 기여할 수 있는 조직을 구성하게 된다. 이때 중요한 원칙은 무엇인가? 목표 달성에 필요한 전체업무를 어떤 원칙과 방법에 의해 분류 할 것인가? 각 조직이나 구성원들에 의해 수행되는 업무들을 어떻게 조정하고 통합할 것인가? 우선, 조직목표를 효과적으로 달성하기 위해 수행되어야 할 전체업무를 명확히 파악해야 한다. 그리고 전체업무를 한 조직이 처리하기는 어렵기 때문에 각 조직이나 구성원들이 맡아 적절히 수행할 수 있도록 상세업무로 나누어 배분해야 한다. 한비자(韓非子)에 "한 사람의 힘으로는 다수의 힘을 이길 수 없다. 한 사람의 지혜로는 만물의 이치를 알기 어렵다. 한 사람의 지혜와 힘보다는 온 백성의 지혜와 힘을 쓰는 것이 낫다." 즉 개인의 뛰어남보다 여러 사람들이 모인 조직의 힘과 지혜가 훨씬 더 뛰어나다는 것이다.

조직(Organization)이란 무엇인가? 유기체(organism)라는 말에서 나온 것으로 유기체라 함은 여러 부분이 하나로 통합되며, 상호간의 관계가 전체와의 관계에 의하여 이루어진다. 유기체는 두 개가 동일시 할 수 있는 기본적인 성분으로 부분과의 관계로 구성되며 부분이란 전체 작업의 완수를 위해 필요한 작업 단위나 사람들의 집단을 말 할 수 있다. 즉 조직의 핵심은 부분이 전체이고, 전체가 부분이다. 역사이래로 테일러의 과학적 관리를 많은 사람들이 비판하지만 그의 예리한 지성과 날카로운 통찰력에서 나온 핵심원칙은 매우 명확하다. 업무를 가장 단순한 부분 단위로 나누며, 각각 부분 업무에 가장 적합한 구성원들을 선발하고, 각 구성원을 각자 담당 업무의 전문가로 만들어 나간다. 이처럼 전문화된 업무를 조립하여 라인을 구성하며 보너스와 포상을 포함해 올바른 인센티브 체계를 설계함으로써 각 구성원이 최선을 다해 생산성을 향상하도록 하는 것이 그의 목적이었을 것이다.

당신의 조직은 정말 행복한가? 구성원들이 철저하게 규정과 절차를 지키는 것은 중요하지만 상황과 변화를 무시하고, 너무 틀에 맞추어 통제하는 것이 문제다. 이러한 조직은 의사결정권한이 상당히 제한되어 있기 때문에 그에 맞춰서 행동할 뿐 사명감을 발휘 못하고, 고객에게 놀랄만한 성과도 줄 수 없다. 깨어 있는 조직은 구성원들에게 자유로운 권한과 정보를 공유한다. 이것이 현장에서 위험을 감수하고, 아이디어를 실험하며 도전할 수 있는 이유이다. 언제까지 시키는 대로 따라만 하는 로봇으로 대우할 것인가? 구성원들에게 정확하며, 풍부한 정보를 제공한다면 빠르고, 올바른 방향으로 의사결정을 내릴 수 있다. 재량껏 일을 처리하고, 실적에 대해 정당한 보상을 받는다면 자율과 책임이 무엇인지 깨달을 것이다. 성과를 올리지도 못하면서 모든 것을 틀에 짜 맞추어 많은 구성원들의 독창성과 열정을 언제까지 죽일 것인가? 분명 조직의 몰입과 행복은 이와 반대로 작동할 것이다.

훌륭한 조직이란 무엇인가? 깨어 있는 조직과 깨어 있는 사람들이다. 즉 영혼의 능력을 가지고 있는 구성원들이 공동의 목표를 이루기 위하여 모인 협동체이다. 당신은 조직이 무엇을 기대하는지 알고 있는가? 당신은 가치 있는 일을 하고 있다고 생각하는가? 당신은 이 일을 하는데 필요한 자원과 도구를 갖추고 있는가? 당신은 매일 가장 잘할 수 있는 일을 하고 있는가? 우리는 업무를 훌륭하게 처리해 리더와 동료로부터 인정받으며 칭찬받고 있는가? 조직은 우리의 의견을 중요하게 생각하는가? 리더는 우리의 장점을 계발하는 데 관심을 가지고 있는가? 조직은 적절한 재능이 있는 사람을 선발하며 강점에 주목하고, 적재적소에 배치하고 있는가? 일에 몰입 할 수 있도록 의미 있고, 적절한 목표와 성과를 설정하고 있는가? 진정한 깨어 있는 조직과 구성원은 전체는 부분으로부터 구성되나 그 어느 부분 속에도 전체가 감추어져 있듯이 한 사람 한사람이 단순한 부분이 아닌, 실은 전체를 담당하고 책임지며 연결되어 있다. 당신은 정보와 권한을 구성원들과 어떻게 공유하고 있는가?

진정한 변화란 무엇인가? 변화는 누구나 쉽게 알지만 의미는 금방 잊어버린다. 세상에서 변화하지 않는 것은 없다. 유일하게 변하지 않는 것은 변화라는 것 그 자체뿐 이것을 바로 아는 것이 지혜다. 본래면목의 인간은 고정불변이 아니다. 그러므로 상대와 상황에 따라서 늘 변하는 존재인 것이다. 또한 인간은 절대적 주체적인 존재가 아니다. 그러므로 상황과 상대에 따라서 끊임없이 영향 받는 존재인 것이다. 그리고 홀로 독립적인 존재가 아니다. 그러므로 상대와 상황을 통해서 자연스럽게 드러나는 의존적인 존재인 것이다. 그렇기 때문에 삼라만상 자연의 모든 동식물들이 춘하추동(春夏秋冬)사계절의 변화에 적응하면서 지구상에 존재해 나가듯 조직과 인간도 다르지 않기 때문에 내 외적 환경변화에 끊임없이 적응해야만 생존이 가능하다. 조직문화란 미션과 가치, 그리고 비전과 목표를 수행함으로서 얻어진 오랜 행동의 습관과 경험들이므로 리더와 관리자 그리고 구성원 한 사람 한 사람의 의식변화는 매우중요한 문제다. 당신 조직의 리더는 조직을 어떻게 이끌고 있는가?

조직문화는 왜 중요한가? 문화의 Culture는 자연의 Nature와 대응되는 의미로 즉 자연은 있는 그대로의 스스로 그러한 모습으로 내가 없는 무아(無我)의 세계다. Culture는 인간의 의식으로 다듬어진 세계로 Cultivate와 같은 어원을 가진다. 따라서 조직문화를 생각할 때 이미 주어진 것으로 인식하고, 수동적으로 받아들이기

보다는 우리의 노력에 따라서 새로운 정신을 형성시켜 나갈 수 있다는 적극적인 자세를 가져야 한다. 즉 조직문화는 조직내부의 구성원이 공통적으로 어떻게 사고하고, 행동하는가를 말하므로 관리와 창조가 가능한 것이다. 문화란 조직 내에서 만질 수 있거나, 관찰될 수 있는 것이 아니며 보이지 않는 존재의 힘으로서 사람들의 행동을 이끄는 무형의 에너지다. 기업의 Corporation이란 육체를 의미하는 Corpus에서 비롯된 것으로 인간의 육체에서 영혼이 빠져 나가면 그 인간이 죽듯이 기업에 문화가 존재하지 않으면 그 기업은 이미 죽은 육체와 같다. 즉 조직의 문화란 영혼과 같은 것이다. 당신 조직과 구성원들의 영혼은 무엇인가?

당신 조직의 경쟁우위는 무엇인가? 구성원들의 성과평가는 어떻게 이루어지는가? 지금까지 변화에 대한 적응보다 권위와 위계질서, 전문화된 분업, 획일적 업무처리 속에서 통제와 효율성위주로 설계되었기 때문에 조직은 미래의 변화에 취약할 수 있다. 운영상의 효율을 떨어뜨리지 않고, 적응성을 높이는 원칙은 무엇일까? 개성을 존중하며 자율성을 통한 낮은 통제와 높은 책임이 아닐까? 조직과 구성원들의 자율성, 다양성, 개방성, 투명성, 책임성, 협동성, 분산성 등은 분명 유기체적 대안이 될 수 있다. 이것들은 각 구성원들의 숨겨진 재능을 발견하고, 깨달으며 에너지를 분출시킬 것이다. 또한 위대하고, 숭고한 미션을 추구하는 핵심가치로 관료와 권위에 흔들리지 않고, 사명감에 불타는 구성원들이 미래를 향해 도전과 변화를 이룩하고자 하는 열정을 조직에 담을 수 있다. 구성원들이 더 나은 삶을 살도록 도우며 조직의 삶을 풍요롭게 할 수 있을까? 리더와 관리자들만의 특권을 나누거나 포기할 수 있을까? 구성원들이 자기를 없애고 또 다른 자기를 찾아 나설 수 있을까?

조직과 당신의 본성은 무엇인가? 관리자는 조직 구성요소들 간의 일관성을 유지하면서 가능한 위험을 회피하고, 조직의 전반적인 안정성을 높이는데 초점을 맞추고 있다. 그러나 관리에 너무 치중하다보면 변화에 큰 걸림돌이 된다. 반면 리더는 조직의 변화가 이루어지도록 자극하면서 어느 정도의 위험은 내부로 수용하여 조직의 근원적인 생존 가능성을 향상시키는데 초점을 맞추어야 한다. 따라서 서로 조화와 균형을 유지하며 어떻게 가치와 열정의 공동체를 구축할 수 있을까? 분명 구성원의 자율을 이끌어 내지 못하면 능력을 발휘할 수 없다. 리더와 관리자는 순수와 솔직 그 자체이다. 나는 새로운 아이디어가 없는데 여러분의 생각은 어떤가? 이 문제에 대해 우리가 다함께 자유로운 생각을 나누면 어떨까? 리더와 관리자들이 진정 자기를 없애고, 자신을 낮추는 태도일 때 잠재된 역량을 끌어낼 수 있다. 구성원들이 스스로 사고할 수 있도록 더 나아가 정말로 하고 싶은 일을 찾도록 해주어야 한다. 조직과 당신이 가장 잘할 수 있는 일은 무엇인가?

당신의 조직은 무엇으로 이루어지는가? 영혼의 능력을 가지고 있는 구성원들이 공동의 목표를 이루기 위해 모인 협동체인가? 구성원들은 충분히 건강하고, 서로 인정할 줄 알며 자기실현과 자기존중감이 있는 성숙한 인간인가? 동일한 목표를 추구하며 구성원들이 온전한 사람으로 대접받고 있는가? 조직은 각자 차이가 있다는 것도 알며, 정당하고 공평하게 인정하고 있는가? 조직은 건강하고, 모든 구성원뿐만 아니라 더 나아가 사회에 득이 되는 시너지가 충만한가? 구성원들이 훌륭한 팀워크를 통해 사랑과 아름다움을 함께 나눌 수 있는가? 문제는 공동의 목표가 아닌 개인의 이익추구며, 특정조직이 사적인 욕망으로 작동할 때 규정과 절차, 지침과 규칙을 지나치게 강조하게 되며, 구성원들을 몰아붙이는 경우가 있을 때 신뢰와 협동은 사라지고, 지나친 경쟁과 투쟁만이 난무한다. 이때 조직자체는 하나의 목적과 목표가 됨으로써 절대권력인 이데올로기로 작동되며 구성원은 그 목적을 위해 수단으로 취급될 것이다. 당신은 목표를 달성하기 위해 누구와 함께 행동하고 싶습니까?

〈그림10〉 **깨어 있는 관계경영**

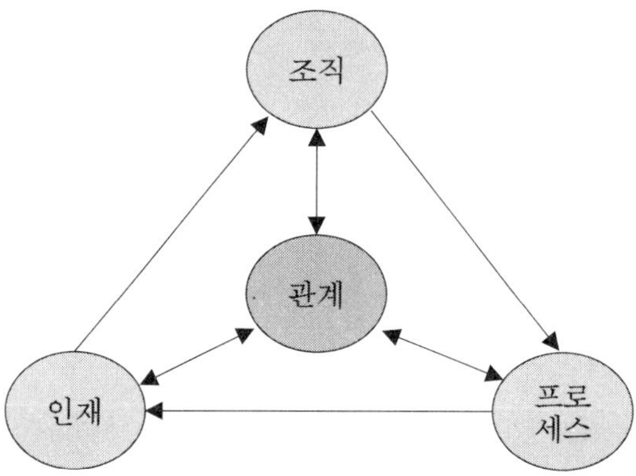

【조직 영성지수 진단】

다음은 우리조직과 나의 "깨어있는 조직 영성지수(Lamp Spirituality Quotient For Organization)"을 진단하는 체크리스트입니다. 점수는 각 번호 당 10점입니다.

1. 조직의 전략과 방향이 명확하며 구조는 전략적 우선순위에 맞게 정렬되었습니까?
2. 전략이 외부의 위험과 기회, 내부의 약점과 강점을 고려한 타당한 것입니까?
3. 조직의 산출물의 기대성과 수준이 전략을 감안해서 결정되었으며 공유되고 있습니까?
4. 모든 적절한 기능들이 있어야 할 곳에 있습니까?
5. 모든 기능들이 다 필요한 기능들입니까?
6. 현재의 기능 간 투입물과 산출물 흐름이 적절합니까?
7. 조직구조가 전략을 지원하며 시스템효율 향상을 지원하고 있습니까?
8. 적절한 기능 목표가 설정되어 있습니까?
9. 성과가 적절히 측정되고 있습니까?
10. 자원이 적절히 배분되고 있습니까?
11. 기능 간 접점이 관리되고 있습니까?
12. 과제를 수행하기 위한 적합한 도구가 제공되고 있습니까?

우리조직과 나의 "깨어있는 조직 영성지수"는 Total 몇 점입니까?

조직 ; 점

나 ; 점

측정점수가 나왔습니까? 당신과 조직의 영성지수의 수준을 알 수 있습니다. 점수의 해석은 다음과 같이 해석하시고 결과에 따라 신중하고 정확한 대응방법을 생각하십시오.

* 120~100점 영성경영 3.0, 경영이념 3.0입니다. '훌륭합니다.'만 유지가 필요합니다.
* 99~60점 영성경영 2.0, 경영이념 2.0입니다. '좋습니다.'만 변화가 필요합니다.
* 59~0점 영성경영 1.0, 경영이념 1.0입니다. '절망적입니다.'만 혁신이 필요합니다.

만약, 당신과 당신의 조직점수가 절망적이라면 희망과 용기를 가지고, 목표와 전략, 그리고 계획을 신중히 검토하십시오. 없다면 새롭게 디자인 하십시오. 혹시, 맨토가 있으십니까? 그렇다면 걱정하지 마시고 의논을 하십시오.

제8장

프로세스(Process)

프로세스는 비전과 현실을 연결하는 가장 중요한 다리다. 즉, 조직의 일하는 방법이고, 업무의 흐름이다. 고객의 관점, 이웃과 자연 생태계의 관점, 우주와의 상호의존 관계에 모든 작업이 연결되어 있다.

당신은 목표달성을 위해 무엇을 하며 어떻게 소통하고 있습니까?

일찍이 세계적인 물리학자 프란초프 카프는 "사물 구조보다는 프로세스로서 볼 것"을 주장했다. 나무를 물체가 아니라 태양과 대지를 연결하는 하나의 광합성 프로세스로 인식하듯 조직도 외부와의 상호작용에 의한 내부 작업의 흐름 즉 비즈니스 프로세스로 바라볼 때 전체를 조망할 수 있다. 이러한 프로세스 중시의 경영적 사고방식이 90년대 미국경쟁력의 핵심이자 기업재생의 열쇠로 삼았던 것이 바로 해머와 챔피에 의해 제창된 리엔지니어링(Reengineering)으로 "퍼포먼스를 나타내는 중요하고도 시대적인 지표인 코스트(Cost), 품질(Quality), 서비스(Service), 스피드(Speed)와 같은 측면에서 극적인 변혁을 실현하기위해 비즈니스 프로세스를 근본적으로 재고하여 재설계하는 것" 이라고 언급했다. 당신이 생각하는 진정한 프로세스(Process)란 무엇인가? 인간이 우주적 존재로서 사회와 조화롭게 살고자한다면 분명 다툼과 분쟁에서 협동과 상생으로, 걸림과 막힘에서 순환과 소통으로 가야하지 않겠는가? 당신은 목표달성을 위해 무엇을 하며 어떻게 소통하고 있습니까?

우주(宇宙)에서 산다는 것은 무엇인가? 당신은 진정 어디에서 왔을까 우주는 은하계나 태양계 같은 대우주만이 아니라 소우주인 인간을 포함한다. 우주는 열림과 흐름이요 관계와 소통이요. 순환과 조화이다. 우주에서 지구가 지구에서 인간이 태어났으며 우리는 본래 우주적 존재이다. 우리는 인생을 통해 무엇을 알고 경험하는가? 우주와의 조화를 이루기 위함이요. 사람과 자연과의 관계를 깊고 넓게 하면서, 서로 배우며 가르치고 우주의 뜻에 순응(順應)하는 것이 아닐까 그리고 우주와 조화한다는 것은 우리가 돌아가야 할 자리로 마땅히 돌아가는 일이다. 사람이 죽으면 '돌아가셨다.' 라고 표현하지 않는가? 돌아가면서 까지도 자아에 집착(我執)하며 '에고'(ego) '에고'를 부르면서 붙잡을 일이 아니다. 우리는 왜 일을 하며 살까 일을 통해서 대지의 영혼과 호흡을 맞추고, 자아실현을 통해 사회와 조화하기 위함이다. 그러므로 인간이 우주와 조화를 이루기 위해서는 오직 자신을 알고 몸과 마음, 정신과 영혼의 조화를 이룸이며 그로인한 인간다운 행복을 얻을 뿐이다.

신(神)의 뜻대로 산다는 것은 무엇인가? 왜 순천자(順天者)는 흥(興)하고, 역천자(逆天者)는 망(亡)한다고 했을까 시간과 공간을 초월하여 변하지 않고(無常), 존재하는 존재는 없다(無我). 부처는 무상과 무아의 이치를 깨달으면 열반(涅槃)에 이르고, 깨닫지 못하면 고통의 한가운데 머물게 된다고 갈파했다. 예수는 "하나님은 너희 안에 계신다." 부처는 "네 마음의 법등(法燈)을 켜라."고 갈파 하였듯이 우리 자신은 모두 무한한 사랑과 자비심을 가진 신의 화신(化神)이다. 오직 당신과 나의 차이는 스펙이 아니라 자신이 신의 화신이라는 것을 아느냐 모르느냐 일뿐이다. 우주의 프로세스는 서로 깊고 넓게 연결되어 있기 때문에 조건과 인연에 의해 변하며, 영향 받고, 상호 의존할 수밖에 없는 관계요 흐름이요 소통이다. 즉 일체 만물이 진실로 하나(萬物一如)요. 당신과 내가 둘이 아니(不二)며, 조건과 인연에 의해 차이 날 뿐이다. 무상에 대해 무지하면 변화에 둔감하고 역행하며, 무아에 대해 무지하면 탐욕과 집착으로 조직과 인간관계를 파멸로 몰고 갈 것이다.

당신과 조직의 프로세스란 무엇인가? 당신과 조직의 꿈과 현실을 연결시켜주는 다리다. 즉 프로세스란 일하는 방법이고, 업무의 흐름이며 당신과 조직의 실제 업무를 연결하는 매개체이며 보통 비즈니스 프로세스라고 부른다. 당신은 왜 비즈니스 시스템과 가치사슬(Value Chain)을 분석하는가? 기업 활동을 이해하기 위해서 필요하지만 중요한 것은 경영활동의 어떤 결과가 나타나게 된 원인을 파악하고, 그 과정에서 조직의 강점과 약점을 발견하는 것이다. 나아가 강한 경쟁우위를 찾기 위해 어떤 단계에서 어떤 활동이 이루어져야 하는가를 통찰하기 위함이다. 따라서 프로세스란 특정시장과 고객을 대상으로 필요한 산출물을 생성하기 위해 정의된 구조화되고 측정 가능한 활동들의 집합이다. 시장과 고객은 늘 변하기 때문에 조직의 프로세스는 고정불변이 아니라, 끊임없는 내외의 소통과 변화다. 구성원중심에서 고객중심, 단위 기능중심에서 프로세스 중심으로, 개별관점에서 통합관점으로, 계획중심에서 실행중심으로 개인중심에서 타자중심으로 소통과 변화를 말하며 구성원과 고객가치 창출을 위해 내부와 외부의 업무프로세스들을 최적화하는 것이다.

당신은 프로세스를 통해 밝은 빛을 찾고 싶지 않은가? 당신과 조직의 프로세스는 어떻게 설계되어 있는가? 만일 직무가 프로세스를 지원하지 못한다면 그리고 구성원이 프로세스 효율 및 효과에 최대한 기여할 수 있는 환경이 아니라면 조직의 목표는 달성할 수 없다. 당신의 관점, 개인적인 작업에 중점을 두는 것이 아니라, 항상 고객의 관점, 이웃과 생태계의 자연, 우주와의 상호의존관계에서 모든 작업이 서로 연결되어 있음을 깨달아야 한다. 즉 순차적이며 분리의 부분최적화가 아니라 연계이고 동시 발생적이며 전체최적화이다. 이것은 전통적 대량생산의 결과중시의 수직적 문화와 시작에서 마지막까지의 과정과 결과를 모두 중시하는 시스템적 수평적 문화의 차이로 볼 수 있다. 수직적 시각에서는 고객과 제품, 서비스가 보이지 않으므로 무엇을 위해 무엇을 하며 어떻게 소통하는지가 보이지 않는 어둠의 긴 터널이다. 시스템적 수평적 시각에서는 기능 간 경계를 가로지르는 프로세스가 보이기 때문에 일이 실제 이뤄지는 모습을 이해할 수 있으며 제품과 서비스가 만들어지는 동안 참여하는 내부의 모든 고객과 공급자간의 관계가 보일 수밖에 없다.

무엇이 가장 중요한 조직의 신진대사활동인가? 보통 신제품설계프로세스, 상품화프로세스, 생산 및 품질프로세스, 영업프로세스, 물류프로세스, 청구프로세스 등 기본프로세스와 기능 교차적 업무프로세스들을 통해서 조직의 제품과 서비스의 산출물이 만들어 진다. 즉 조직의 산출물은 프로세스를 통해 만들어지고, 프로세스는 다양한 직무를 담당하는 구성원들에 의해서 수행되고 관리된다. 따라서 프로세스 수준은 목표를 달성하기 위한 프로세스의 설계와 프로세스 모니터링을 위한 프로세스관리(Business Process Management)로 이루어진다. 당신 조직의 핵심프로세스란 무엇인가? 최고 경영진이 강화하려는 경쟁우위요소에 영향을 주는 프로세스를 말한다. 예를 들면 주문 사이클 타임이 잠재 경쟁우위요소라면 주문처리 프로세스가 핵심프로세스가 된다. 핵심프로세스들의 목표가 조직 및 고객의 요구와 연결되고 있는가? 프로세스들의 목표달성을 위한 가장 효율적이며 효과적인 프로세스인가? 적절한 프로세스의 하부목표가 있으며 프로세스 성과가 관리되고 있는가? 핵심프로세스에 충분한 자원이 지원되고 있는가? 프로세스 단계간 접점이 관리되고 있는가?

프로세스는 왜 소통(疏通)과 상생(相生)의 문화인가? 인간은 먹고 느끼며, 생각하고 말하며, 행동하고 배출하며 행복해하는 기본적인 순환작용으로 이루어진다. 당신 조직은 미션과 가치, 비전과 목표를 실현하기위해 어떠한 비즈니스 프로세스를 가지고 있는가? 프로세스가 얼마나 잘 수행되고 있는지 지속적으로 성과문제에 대해 초점을 맞추고 있는가? 생각과 감(感)이 아닌 사실(事實)적 정보의 수집과 분석을 통한 예측과 통찰력이 뒤따라야 한다. 데이터 분석을 위한 구조적, 비구조적 데이터베이스 확보와 내 외부의 컴퓨팅과 네트워크의 통신망은 갖추고 있는가? 이것은 글로벌 경험과 직감을 과학적사고로 무장시켜 경쟁력의 중요한 원천이 될 것이다. 왜냐하면 진정한 프로세스의 생명은 소통과 상생이기 때문이다. 따라서 구성원들에게 상세한 관련정보를 적기에 제공하여 의사결정하고, 자유로운 상상력을 수집하며 동시에 몰입할 수 있는 환경을 만들어야 한다. 또한 통제가 아닌 자발성에 기초한 자율의 문화는 상상력을 프로세스에 연결시켜 성취와 탁월함에 대한 열정을 끌어내는 조직의 플랫폼이며 구성원들의 잠재역량을 이끌어내는 삶의 경험과 앎의 실험장이 바로 문화다.

당신은 어디에 연결되어 있는가? 프로세스란 구성원들의 삶 그 자체로 구성원과 고객의 의미와 신뢰를 끊임없이 담아내는 소통이며 브랜드이다. 따라서 무엇보다도 인간에 대한 심오한 이해는 상생과 소통이다. 월드와이드웹(www)을 발명한 팀 버너스리가 특허를 신청하지 않고 공공영역으로 개방한 것이 오늘날 인터넷 세상이다. 게리하멜은 “인간이 지금까지 만들어낸 것 중에서 가장 적응력이 빠르고 풍부하며, 혁신적이며 참여도가 높은 발명품이다. 이것이 비록 통제력과 효율 극대화를 해결하기 위해 만들었다 하더라도 좀 더 일반적인 목적으로 인간의 성취를 증가시키고, 인간의 노력을 확장하며 한데 모아야 할 것이다.” 라고 언급하고 있다. 프로세스는 의사소통이 핵심이다. 강력한 의사소통은 상대의 인격과 가치관, 그리고 신념과 열정을 바꾸며, 상대의 마음을 열고 움직여 행동으로 이끌고, 원하는 성과를 이끌어 낸다. 지금 세계는 정보와 지식사회를 넘어서 영성(靈性)시대를 맞고 있다. 여기서 영성은 그 어떤 종교(宗敎)를 말하는 것이 아니라 온 우주가 서로 하나며 함께 연결되어 있음을 말하며 오늘날 기업의 사회적 책임(CSR)의 코드를 말하고 있는 것이다.

당신과 조직은 가치를 창출하고 있는가? 프로세스중심의 정보통신기술(ICT)은 인간의 창의성과 상상력을 해방시키며 조직 내에 널리 퍼져있는 정보와 지식을 통합하고 있다. 모든 구성원들이 누구나 영업 및 재무, 인사데이터인 상품원가, 시간당매출, 점포당 이익, 팀원의 보상과 인센티브 등을 자유롭게 접근하며 스스로 우리는 무엇을 배워야 하는가를 느낀다면 신뢰와 책임감 그리고 자율성에 큰 영향을 줄 것이다. 왜냐하면 실시간으로 쉽게 퍼지는 특성을 통해 구성원들의 노력을 모으고, 창의성과 상상력을 확대시키는 특징을 갖고 있기 때문이다. 구성원들이 어떻게 하면 기업가처럼 생각하고 행동할 수 있을까? 조직이 지속적으로 성장하면서 혁신적인 공동체로 갈수 없을까? 누구든 자유롭게 이의를 제기하고, 비판에 자유로울 수 없을까? 이렇게 행동하는 사람들을 격려하고 존중할 수 없을까? 어떻게 하는 것이 과연 고객들과 구성원들에게 더 관심을 가지게 될까? 진정으로 걸림과 막힘이 아닌 소통과 상생의 특징인 프로세스중심의 사고에서 가능할 것인가? 그렇다. 당신의 프로세스는 무엇인가? 당신은 목표달성을 위해 무엇을 하며 어떻게 소통하고 하고 있습니까?

【프로세스 영성지수 진단】

다음은 우리조직과 나의 "깨어있는 프로세스 영성지수(Lamp Spirituality Quotient For Process)"를 진단하는 체크리스트입니다. 점수는 각 번호 당 10점입니다.

1. 업무 프로세스는 전략 우선순위에 맞게 정렬되어 있습니까?
2. 프로세스를 통해서 방법, 절차, 업무흐름을 볼 수 있습니까?
3. 조직과 프로세스 및 직무 각각의 목표들이 일관성을 유지하고 있습니까?
4. 핵심프로세스들의 목표가 조직 및 고객의 요구와 연결되어 있습니까?
5. 직무의 산출물과 표준이 프로세스 요구와 연결되어 있습니까?
6. 프로세스 단계 간 접점(공백)이 관리되고 있습니까?
7. 제품 및 서비스가 고객의 요구사항을 얼마나 만족시키는지 측정하고 있습니까?
8. 공급자로부터 제공하는 제품과 서비스에 명확한 목표를 갖고 있습니까?
9. 프로세스의 앞 단계의 성과를 측정하고 있습니까?

10. 업무수행자들에게 그들의 성과에 대한 정보가 제공되고 있습니까?

11. 성과정보를 필요한 사람들에게 제공하는 추적 및 피드백 시스템을 갖고 있습니까?

12. 구성원들은 프로세스의 효율, 효과에 최대한 기여할 수 있는 환경에서 일하고 있습니까?

우리조직과 나의 "깨어있는 프로세스 영성지수"는 Total 몇 점입니까?

조직 ; 점

나 ; 점

측정점수가 나왔습니까? 당신과 조직의 영성지수의 수준을 알 수 있습니다. 점수의 해석은 다음과 같이 해석하시고 결과에 따라 신중하고 정확한 대응방법을 생각하십시오.

* 120~100점 영성경영 3.0, 경영이념 3.0입니다. '훌륭합니다.'만 유지가 필요합니다.
* 99~60점 영성경영 2.0, 경영이념 2.0입니다. '좋습니다.'만 변화가 필요합니다.
* 59~0점 영성경영 1.0, 경영이념 1.0입니다. '절망적입니다.'만 혁신이 필요합니다.

만약, 당신과 당신의 조직점수가 절망적이라면 희망과 용기를 가지고, 목표와 전략, 그리고 조직을 신중히 검토하십시오. 없다면 새롭게 디자인 하십시오. 혹시, 맨토가 있으십니까? 그렇다면 걱정하지 마시고 의논을 하십시오.

제9장

인재(Talent)

인재는 조직과 프로세스의 완성이다.
사람은 격려하지 않으면 분발하지 않듯이 장점을 활용하고,
단점을 피하면 세상에 쓸모없는 인재는 없으며,
능동적인 사람이 소중한 인재이다.

당신은 목표를 달성하기 위해 어떤 인재를 뽑고 육성하고 있습니까?

일찍이 맹자(孟子)는 "천하를 얻는 길이 있으니, 백성을 얻으면 천하를 얻는다. 백성을 얻는 방법이 있으니, 마음을 얻으면 백성을 얻는다. 마음을 얻는 방법이 있으니, 하고자 하는 것을 모아서 주고, 싫어하는 것을 하지 않는다."고 갈파했다. 그러나 과거의 심(心)도, 현재의 심도, 미래의 심도 얻을 수 없음으로 세상에서 가장 어려운 일은 사람의 마음을 얻는 일이다. 조조(曹操)는 "지금 난세(亂世)를 평온하게 하는 것은 불가능하지만, 인재를 얻고 계략을 써서 천하를 얻는 것은 가능하다." 이에 유비(劉備)는 "천하 대란의 원인은 인심(人心)이 혼란한 것에 있기 때문에 천하를 평정하려면 인심을 얻어야만 한다." 고 말한다. 조조는 현실을 있는 그대로 직시하며, 유비는 문제의 본질을 정확히 꽤 뚫고 있다. 마쓰시다 고노스케(松下幸之助)는 "무엇을 만드는 회사인가 물어오면 우리 회사는 사람을 만듭니다. 라고 대답하라. 좋은 품질을 만들려면 좋은 사람을 만들어야 하며, 품질을 높이려면 사람의 질을 높여야 하고, 품질의 혁신을 이루려면 사람을 변화시키지 않으면 안 된다." 즉 조직의 흥망성쇠(興亡盛衰)는 바로 사람을 어떻게 얻고, 육성하며 움직일 것인가에 달려 있다. 당신은 목표를 달성하기 위해 어떤 인재를 뽑고 육성하고 있습니까?

당신은 진정 당신의 인생을 살고 있는가? 세상에는 똑똑한 사람이 상당히 많지만, 자신이 의도하는 대로 인생을 만들어 가는 사람은 그리 흔치않다. 조지 버나드쇼는 "합리적인 사람은 자신을 세상에 맞춘다. 비합리적인 사람은 세상을 자신에게 맞추기 위해 노력한다. 따라서 모든 진보의 성공은 비합리적인 사람에게 달려 있다." 고 말했다. 즉 기회는 비합리적인 사람을 더 좋아하는 것 같다. 틀에 박힌 사고와 제약, 모호하고 불확실하며 두렵고 위험한 것은 용기와 도전, 호기심과 예리함이 없으면 잡을 수 없다. 즉 문제 중심이 아니라 해결중심으로 접근해야 한다. 이나모리 가즈오(稲盛和夫)는 "회사물정에 어둡더라도 회사를 위한 일이라면 서슴없이 의견을 제안하는 사람은 그가 아무리 어리고, 경험이 부족하더라도 조직의 중심에 있는 사람이다. 지시하는 대로만 일하지 마라. 끌려 다녀서는 절대 아무 일도 제대로 해내지 못하며, 설령 일을 마무리 했다 해도 만족감을 느끼지 못한다." 중요한 것은 직위와 경력이 아니라 능력이며 포기하지 않는 열정과 숭고한 영혼이다.

당신은 매일 가장 잘하는 일을 하고 있는가? 갤럽조사는 66개국에서 수 백 만 명을 조사한 결과, 단 20%의 사람만이 그렇다고 대답을 하였다. 성과가 뛰어난 조직은 무엇을 어떻게 하고 있는가? 정서적으로 확고하게 소속되어 있으며 구성원들은 누구나가 재능이 있다는 사실을 이해한다. 그리고 사람들의 재능을 파악하고 선발하며, 키워주고 개인의 강점을 발견하며 개발하도록 구성원들의 강점에 근거한 입장에서 역할을 적극 수행하도록 한다. 우리가 어떻게 하면 더 나은 미래를 열어 나 갈수 있을까? 당신은 어떻게 하면 더 나은 가치를 만들 수 있겠는가? 우리가 어떻게 하면 더 잘 할 수 있겠는가? 고객의 애로사항과 욕구에 구체적으로 해법을 제시할 수 있는가? 당신이라면 고객에게 어떤 해법을 제시할 수 있는가? 우리는 현재의 변화에 대한 수용능력이 있는가? 지금의 성과를 올리는 일 뿐만 아니라 미래역량의 강화를 위해 실험과 혁신을 지속적으로 실행하고 있는가?

인재보다 더 중요한 인재가 누구인가? 바로 최고경영자다. 피터 드러커는 "그들이 무엇을 성취했으며 강점은 무엇인가? 장점을 그 사람은 무엇에 어떻게 활용하였나? 정직성과 사람 됨됨이(내 아들이 저 사람 밑에서 일하도록 맡길 수 있을까? 내 아들이 저 사람처럼 되어도 괜찮을까?)는, 지도자의 위치에 있는 사람이 자기교만이나 우월의식을 가질 때 그 조직은 함께 망한다."고 했다. 후계자를 위한 특화프로그램이 있는가? 프로그램대로 후계자를 체계적으로 육성하는가? 후계자의 의식은 무엇이며 선정문제는 어떻게 준비하고 있는가? 사전에 기업에 맞는 객관적인 최고경영자 기준을 정의하고 있는지? 경험과 연륜보다 능력을 중요하게 생각하는지? 독립적인 사고방식을 중요하게 생각하는지? 위기를 인식하고 돌파하는 능력이 있는지? 감정적으로 안정성과 공정성을 유지하는지? 인간본성과 주변상황에 대한 예민한 통찰력이 있는지? 조직과 사회를 혁명할 수 있는지? 수년간을 보고 관찰한 최종결과로 판단하고 있는지? 내부의 인재는 물론, 외부에도 열린 태도로 보고 있는지? 미션과 가치에 맞는 인물을 선발하고, 이를 다듬는데 몰입을 다하는지? 기업은 개인의 소유물이 아니라 사회의 공동소유물이라 생각하는지? 지속가능은 최고경영자의 영향이 가장 중요하다.

당신이 생각하는 인재란 누구인가? 노자(老子)는 "성인(聖人)은 자기고집이 없으며, 백성의 마음을 자기 마음으로 삼는다. 또한 백성을 갓난아이처럼 다룬다." 고 갈파했다. 진실로 사람을 소중히 다뤄야 함을 말한다. 조직의 실적에 따라 A B C로 나누고, A가 핵심인재라고 말할 수 있는가? 이건희 삼성그룹회장은 "핵심인재란 대체가능성이 낮고, 단순히 주어진 업무수행만이 아니라, 업무의 틀 자체를 설계할 수 있는 전략적 역량을 보유하고 있는 경우로 성장가능성이 매우 높은 인력이다."고 하였듯이 과업능력과 혁신의 주도성을 들고 있다. 기업마다 인재의 정의는 차이가 있지만, 오늘날의 선진기업이 추구하는 인재의 조건은 업무역량과 함께 도덕성과 인간적 매력의 인성을 가지고 있으며, 또 다른 인재를 알아보고, 이들을 키울 수 있는 능력을 필요로 한다. 또한 조직의 소유개념에서 벗어나 글로벌 차원의 인재들에게 얼마만큼 접근할 수 있는가? 즉 미래의 경쟁은 소유가 아니라 자유요. 공유와 관계가 새로운 경쟁력이 되기 때문이다. 진정 하고 싶은 일에 가치와 경험을 더하며 함께 살아가는 사람을 인식하고, 더 불어 이웃과 사회에 기여할 수 있는 사람이다. 즉 사람들을 널리 이롭게 하는 재능을 발휘하여 긍정적인 영향력을 미치는 사람일 것이다.

인재를 수용할 수 있는 문화가 충분한가? 경영진은 구성원들의 행복에 관심을 가지고 있는지? 조직의 평판은 핵심가치와 일치하는지? 경영진은 구성원들과 사업관련 의사결정을 공유하는지? 경영진의 의사결정은 조직의 가치와 일치하는지? 경영진은 구성원들과 소통하기 위해 노력하는지? 리더와 관리자들의 행동은 구성원들에게 신뢰를 주고 있는지? 구성원들의 업무환경은 흥미와 열정을 북돋아 주는지? 구성원들이 성장하고, 발전할 수 있는 학습기회를 폭 넓게 주는지? 마쓰시다 고노스케(松下幸之助)는 "인재육성이란 대단히 중요한 일이고, 그 문제를 다룬다는 것은 매우 좋은 일이다. 그러나 인재의 육성이라고 해도 나는 어떤 인재를 육성할 것인가라는 목표가 없으면 불가능하다고 생각한다. 즉 일본의 국가경영에는 이러한 목표가 있는 것이다. 그리고 이 목표를 달성하기 위해서는 이러이러한 사람이 필요한 것이다. 라는 일이 분명하게 있으면 이에 맞는 양성방법을 채택하면 된다. 그러나 오늘의 일본에는 그러한 뚜렷한 목표가 없는 것 같다. 그렇기 때문에 인재를 육성하려고 해도 육성할 수가 없지 않는가." 당신은 가까운 미래 어떤 인재를 육성하고 싶은가?

인재를 어떻게 육성하고 유지하는가? 기술이 중요하지만 이는 학습을 통해 충분히 습득할 수 있다. 또한 제품이나 사업모델 같은 요소들도 타 기업이 쉽게 모방할 수 있지만, 인재를 보유하고 활용하는 것은 모방하기가 쉽지 않다. 결국 주도적인 기업이 되기 위해서는 성숙한 팀워크 능력과 감성적인 사고력과 창조적인 능력을 가진 인재들을 다양한 분야에서 보유해야 한다. 즉 어떻게 인재경영을 할 것인가가 중요한 것이다. 비전과 전략을 제시하고, 권한위임과 코칭을, 멘토와 멘티 제도를 한다고, 동기부여와 성과향상이 가능할까? 시장과 고객을 알고, 경쟁우위의 기술을 이용해 상품을 만들어 판다고, 조직의 성장과 번영이 가능 할 것인가? 이렇게 하려면 여러 관련 분야에 적합한 인재를 확보해서 지속적으로 유지하는 것이 무엇보다도 선결되어야 할 문제다. 제임스 콜린스는 "위대한 기업은 비전과 전략을 수립한 후 사람들을 버스에 때우는 것이 아니라, 적합한 사람을 먼저 태우면 부적합한 사람들을 내리게 하고, 이 버스가 가야 할 멋진 길을 만든다." 고 했다.

인재를 키우는 중요한 물음은 무엇인가? 조직은 보통의 사람이 넘친다. 이들을 모두 인재로 보고 있다고 말할 수 있는가? 혹 보고 있어도, 말할 수 있어도 장님과 벙어리는 아닌지 이들을 인재로 만들 수 있는 능력이 있는가? 물은 부딪치지 않으면 솟구치지 않고, 사람은 격려하지 않으면 분발하지 않듯이 사람의 장점을 활용하면 성공하지 못하는 일이 없고, 단점을 피하면 세상에 쓸모없는 인재란 없다. 당신은 인간의 가능성을 어떻게 계발하고 있는가? 간절한 마음으로 새로운 방법을 찾고 있는가? 조직은 구성원으로부터 분명히 무엇을 기대하는가? 구성원들은 조직으로부터 명확히 무엇을 기대하는가? 조직은 인재를 활용할 수 있는 인재가 있는가? 인재를 잘못 선발했으면 어떻게 하는가? 인재를 잘못 활용하고 있다면 어떻게 하는가? 공정하고 체계적인 인재선발이 이루어지는가? 선발된 인재는 충분히 능력과 영향력을 발휘하는가? 인재를 확보하고 제대로 유지하는가? 마쓰시다 고노스케(松下幸之助)는 "나는 어렸을 때부터 몸이 약했다. 그래서 나 자신이 모든 것을 다 할 수 없어 일을 대신 맡길 수밖에 없었다. 사람을 찾아 일을 맡기는데 굉장히 신경을 쓰게 되고, 그러다 보니 기업도 잘되게 되더라." 즉 인재를 찾는 것도 뽑는 것도 어렵지만, 인재를 쓰는 기술이란 더 어렵다. 당신은 선발하면 전적으로 맡기고, 철저히 믿는가?

진정한 인재와 행복한 사람은 누구인가? 세상에서 가장 어려운 일은 사람의 마음을 얻는 일이라 했다. 누구나 인생의 즐거움과 괴로움을 초월할 수 없지 않은가? 행복과 불행은 마음에 달렸다고 하지만, 천길 물속은 알아도 사람의 한길 마음속은 도저히 모른다. 누구도 마음은 자기 뜻대로 되지 않기 때문에 외부의 상황과 조건을 변화시키기 위해 부단히 노력 하는게 아닐까? 그러나 아무리 외부환경을 바꾸어도 자신을 알고, 변화하지 않는 한 진정한 의미의 불행과 고통은 사라지지 않음을 아주 늦게야 경험하고 안다. '지금 알고 있는 것을 그때도 알았더라면' 그리고 마음을 바꾸었다 해도 뜻대로 되지 않는 것은 바로 자신의 무의식적인 습관 때문이다, 사실 고통은 행복을 낳을 수도 불행을 낳을 수도 있으며 끊임없이 무지와 어리석음을 일깨우는 인생의 스승이다. 즉 고통을 통해서 깨달음으로 나아가고, 결국 행복을 얻기 위해서는 고통과 직면하며 고통의 원인을 먼저 자기 내면에서 찾아야 한다. 즉 고통을 자각하고, 늘 자기변화와 거듭남으로 나가는 사람이야말로 진정한 인재이며 행복한 자이다. 이것은 인생의 끊임없는 흐름이자 생명의 진리이며 삶 그 자체인지도 모른다. 당신은 목표를 달성하기 위해 어떤 인재를 뽑고 육성하고 있습니까?

【인재 영성지수 진단】

다음은 우리조직과 나의 "깨어있는 인재 영성지수(Lamp Spirituality Quotient For Talent)"를 진단하는 체크리스트입니다. 점수는 각 번호 당 10점입니다.

1. 미션과 가치로 부터 인재상이 도출되고 있습니까?
2. 전략으로부터 인재의 핵심역량이 도출되고 있습니까?
3. 구성원들은 핵심인재에 대한 정의를 명확히 알고 있습니까?
4. 조직 내 핵심인재에 대한 공감대 형성과 문화적 수용이 가능합니까?
5. 공정하고 객관적이며 체계적인 인재선발 프로세스가 있습니까?

6. 인재확보도 중요하지만 유지전략도 가지고 있습니까?
7. 인재의 성장을 위한 교육프로그램과 경력관리가 있습니까?
8. 보통 인재에게도 충분한 기회가 주어지고 있습니까?
9. 개인의 성과향상을 위해 매니저가 어떤 지원을 하고 있습니까?
10. 구성원들과 기타 핵심인재들은 코칭훈련을 받고 있습니까?
11. 인재는 전문지식과 실제행동을 통해 기업에 영향력을 높이고 있습니까?
12. 구성원들이 헌신할 수 있도록 다양성을 존중하고 인정하며 배려하고 있습니까?

우리조직과 나의 "깨어있는 인재 영성지수"는 Total 몇 점입니까?

조직 ; 점

나 ; 점

측정점수가 나왔습니까? 당신과 조직의 영성지수의 수준을 알 수 있습니다. 점수의 해석은 다음과 같이 해석하시고 결과에 따라 신중하고 정확한 대응방법을 생각하십시오.

* 120~100점 영성경영 3.0, 경영이념 3.0입니다. '훌륭합니다.'만 유지가 필요합니다.
* 99~60점 영성경영 2.0, 경영이념 2.0입니다. '좋습니다.'만 변화가 필요합니다.

* 59~0점 영성경영 1.0, 경영이념 1.0입니다. '절망적입니다.'만 혁신이 필요합니다.

만약, 당신과 당신의 조직점수가 절망적이라면 희망과 용기를 가지고, 미션과 가치, 그리고 목표와 전략을 신중히 검토하십시오. 없다면 새롭게 디자인 하십시오. 혹시, 맨토가 있으십니까? 그렇다면 걱정하지 마시고 의논을 하십시오.

【관계경영 레이더차트 그리기】

다음은 '관계'에 관한 우리조직과 나의 "깨어있는 영성지수(Lamp Spirituality Quotient)"를 종합 진단하는 레이더차트입니다. 앞에서 기록한 점수를 기입하시고 나는 빨강, 조직은 파랑색깔로 마킹하시고 직선으로 연결하십시오. 앞장의 '영성'부분과 '역량'부분도 함께 연결합니다.

1. 조직(Organization)

① 조직; 점 ② 나; 점

2. 프로세스(Process)

① 조직; 점 ② 나; 점

3. 인재(Talent)

① 조직; 점 ② 나; 점

〈그림11〉 관계에 관한 '깨어 있는 영성지수'

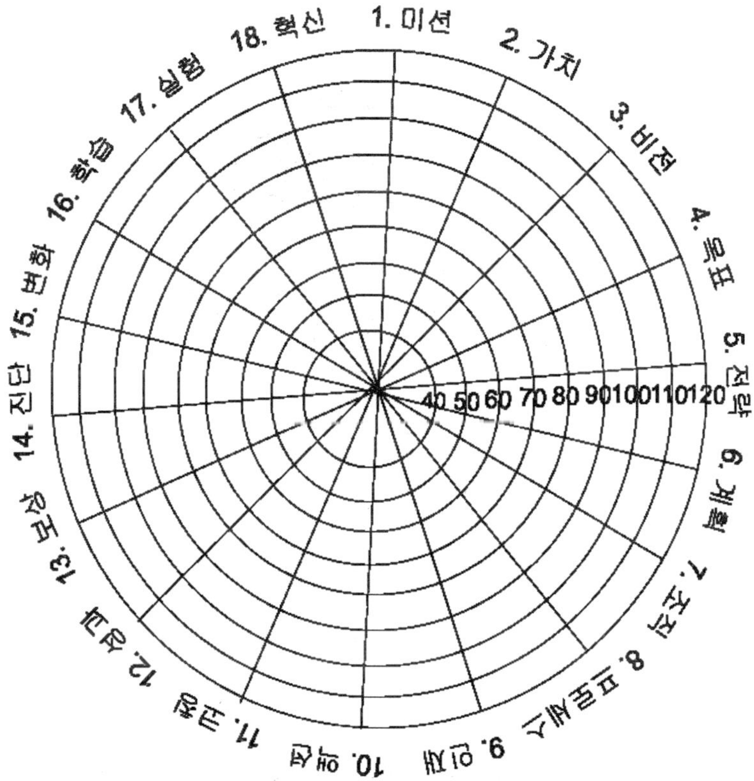

"인간은 자신을 보존하기 위해서 사물에 가치를
부여했다. 또한 인간은 사물의 의미를 창조했다. 평가하는
것은 창조하는 것이다. 오직 평가에 의해서만 비로소
가치는 존재한다. 평가가 없는 생존은 알맹이
없는 호두가 될 것이다."

F. W. 니체

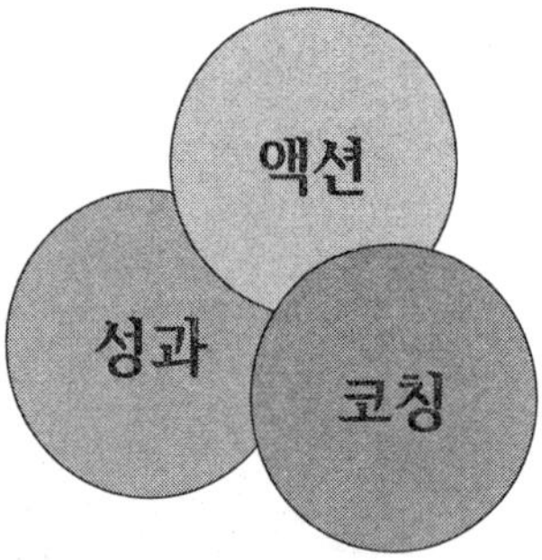

제4부

평가경영

나와 우리는 예정대로 잘 가고 있는가?

<마쓰시타 고노스케; 松下幸之助, 1894-1989>

"인생의 길은 크고 작은 오르내림이 따른다. 올라가기만 하는 일도 없고, 내려가기만 하는 일도 없다. 오르내림을 반복하는 동안 사람은 갈고 닦이고 연마된다. 그러므로 어쩌다가 위에 올라갔다고 해서 우쭐댈 필요도 또 아래에 있다고 비관할 필요도 없다. 중요한 것은 언제나 묵묵한 자세로 밝은 희망을 가지고 걸어가는 일이다."

"인간은 숭고하고도 위대한 존재인 것이다. 서로서로 인간의 위대성을 깨달아 그 천명을 자각하고 중지(衆智)를 높이면서 생성발전의 대업을 영위해 나가지 않으면 안 될 것이다. 장구한 인간의 사명은 이 천명(天命)를 자각 실천하는데 있는 것이다."

"오늘 최고의 중지가 반드시 내일의 최고의 중지라고는 할 수 없으며 끝이 없는 것이다. 그러므로 인간은 끊임없이 스스로의 지혜를 높이고 중지를 모아나가지 않으면 안 된다. 특히 중지를 모을 때 그것을 마무리하는 역할이라고 할까 뒷바라지를 하는 사람은 반드시 다른 사람에게서 보다 많은 의견을 받아들이는 노력을 하지 않으면 안 된다."

"공동생활에 있어서 모든 활동은 보다 나은 공동생활을 창출하기 위한 것이고 이 같은 기본적 의의에 입각하여 보통 조화 있고 진보를 생각한다면 진정코 즐거운 활동이 나오게 되며 여기에서 공동생활의 발전, 인간의 물심양면의 조화 있는 번영, 평화, 행복이 나올 수 있다고 생각한다."

"나는 하나님이 주신 3가지 은혜덕분에 크게 성공할 수 있었다. 첫째, 집이 몹시 가난해서 어릴 적부터 구두닦이, 신문팔이 같은 고생을 하였고 이를 통해 세상을 살아가는 데 필요한 경험을 많이 얻을 수 있었다. 둘째, 태어났을 때부터 몸이 몹시 약해서 항상 운동에 힘썼으므로 늙어서도 건강하게 지낼 수 있었다. 셋째, 초등학교도 못 다녔기 때문에 세상 모든 사람을 스승삼아 질문하여 열심히 배우는 일을 게을리 하지 않았다."

제10장

액션(Action)

행동은 비전과 열정을 가지고 실천하는 것이다.
이제 모든 것이 준비됐다. 실행에 옮긴다면 무슨 생각을 하든,
어떤 두려움을 갖든 중요치 않다. 머뭇거리거나, 꾸물거리지
말고, 앞으로 걸어가야 한다.

당신은 성과를 창출하기 위해 어떤 행동을 하고 있습니까?

일찍이 톨스토이는 "누구든 시련을 겪지 않고는 참다운 인간이 되지 못한다. 시련이야말로 자신의 존재를 스스로 깨닫게 하고, 스스로를 규정하는 까닭에 대체로 사람의 운명은 그때에 결정된다. 시련을 겪기 전에는 누구나 어린아이의 상태에 머물러 있는 것이다." 고 갈파했다. 당신은 두려움과 시련 때문에 시도조차 하지 않는 일이 있습니까? 하늘은 스스로 돕는 자를 돕는다는 말이 있다. 하늘은 행동하는 사람을 돕는다는 것이 아닐까 최고의 기회는 지금이다. 당신이 하고 싶은 일이 무엇인가? 일단 행동하면 의지가 따라오고, 중요한 사람과 만나게 될 것이다. 문제해결의 실마리가 떠오르며, 결정적인 기회를 잡을 수 있으며 자신도 몰랐던 천재성이 나타날 것이다. 행동은 몸이다. 몸은 보이는 영혼으로 말과 글은 몸이요 생각과 마음도 몸이지만 보이지 않는 영혼의 행동이다. 당신은 역사에서 무엇을 배우고 싶은가? 우리가 던져야 할 소중하고, 겸손한 물음은 무엇일까? 충신(忠臣)과 간신(姦臣)을 구분하는 것인가? 인류와 역사의 발전에 얼마나 기여를 했는지 인가? 지금 당신은 성과를 창출하기 위해 어떤 행동을 하고 있습니까?

인간은 왜 만물(萬物)의 영장(靈長)인가? 생 텍쥐페리는 어린왕자에서 "간단히 말해서 세상을 바꾸는 단 한 가지 방법은 바로 자신을 바꾸는 거야" 즉 거듭 태어남의 각성(覺性)과 행동이다. 스스로 영(靈)임을, 어디에도 억매이지 않은 완전한 자유로운 존재이며 그 존재에 뿌리를 내리고, 당신이 하고 싶은 일을 찾아서 맘껏 행동할 수 있기 때문이다. 예수는 자신을 따르는 사람들에게 종종 "무엇을 찾고 있느냐? 내가 무엇을 해주랴?" 고 물으셨다. 즉 당신이 진정 하고 싶은 행동이 무엇인가 묻고 있는 게 아닐까 우주는 지구에 존재하는 모든 것에 하나의 에너지를 즉 '하고 싶은 소망' 을 주지 않았을까 소나무가 소나무 되고자 하는, 진달래꽃이 진달래꽃 되고, 바람이 바람 되듯이, 하고 싶어 하는 소망을 펼치며 살아가는 것 이것이 우주의 순리(順理)이자 순환인 것이다. 물론 인간도 예외일 수 없듯이 무엇인가 하고 싶어 하는 소망을 할 수 있는 '소질과 재능' 으로 바꿔야 살 수 있다. 인간이 우주의 섭리(攝理)와 신의 뜻에 맞게 산다는 것은 내가 무엇을 하고 싶은지, 또 무엇을 잘 할 수 있는지를 발견하고, 살면서 마침내 그것도 초월할 수 있어야 한다.

당신은 주인(主人)인가? 누구나 분명히 성자(聖者)이다. 다만 모르고 살 뿐이다. 인간은 육체 이상이며 영혼(靈魂)을 가지고 있듯이 스스로 주인이 되어 자신의 운명을 개척하는 깨어있는 사람이다. 예기치 않은 순간에 닥칠 구원을 그저 기다리기만 할 것인가? 자신을 바꾸는 행동하는 양심은 오직 지금! 여기! 당신에게 있다. 비로써 이 각성을 통해서 평등(平等)과 자유(自由)를, 사랑과 자비가 무엇인지 경험하고 안다. 정말 중요한 것은 다른 사람이 아니라 내가 되어야 한다는 것이다. 부처는 40여년 84,000여 법을 설했지만 "하나도 설한 바가 없다."고 하셨다. 옛날 위대한 선각자들은 "부처를 만나면 부처를 죽여라."고 까지 말했다. 그것만이 내 삶의, 내 역사의 주인이 된다. 그러므로 가장 먼저 지식이 아닌 지혜로 자신에게 물어야 한다. 당신은 어떤 인생을 살 것인가? 내가 진정으로 하고 싶은 것은 무엇인지? 잘 할 수 있는 것은 무엇인지? 그래야 좋아하고, 즐겁게 자연스럽게 살 수 있지 않겠는가? 주인공으로 내가 내 선택의 주인이며 삶의 예술가가 되어야 한다. 이것이야말로 인생에서 가장 중요한 깨달음의 행동일 것이다.

당신은 간절하게 행동하고 있는가? 그러면 동기는 자연스럽게 따라온다. 특급배송 서비스를 상상했던 사람이 오직 FeDEX 창업자인 프레드 스미스뿐이었을까? 많은 사람들이 생각했을 것이다. 그는 누구든 생각해봤음 직한 아이디어를 실천한 행동가일 뿐이다. 아이디어도 지식과 지혜도 행동 없이는 무용지물이다. 행동하라. 존 코터는 "핵심적인 문제는 전략이나 조직구조, 조직문화나 시스템과 관련된 것이 절대로 아니다. 물론 이와 같은 요소들도 중요한 것임에는 틀림없다. 하지만 진정으로 핵심문제는 언제나 사람들의 행동을 변화시키는 것과 관련되어 있다."고 주장한다. 고객요구와 경쟁양상은 천천히 그리고 급변한다. 생존하기 위해서 변화하는 환경에 적응하고, 새로운 상황에서 적절한 행동을 취할 수 있는 능력이 핵심이다. 새로운 상황에서는 직무목표가 변하고, 프로세스가 변하며 사용기술이 변해야 한다. 당신이 처하는 상황은 다양하면서도 계속해서 변화하기 때문에 성과를 보장하는 일련의 정해진 행동은 있을 수 없다. 성공적인 직무를 수행하고, 목표를 이루기위해서는 요구되는 행동이 무엇인지를 먼저 파악하고, 실제행동을 준비해야 한다.

코치(Coach)는 운동선수를 코칭 할 때 왜 비디오를 분석할까? 그것은 객관적이고, 직접적으로 선수의 행동을 관찰할 수 있는 방법이기 때문이다. 여기서 비디오가 중요한 것이 아니라 선수의 객관적이고, 직접적인 행동을 관찰한다는 것이다. 성과를 향상시키기 위해서는 지금까지의 상황을 바꾸고, 상황에 맞는 행동을 해야 한다. 언제나 당신의 낮은 성과는 요구되는 행동이 실제행동으로부터 차이가 크게 나는 경우이다. 그러나 높은 성과는 요구되는 행동과 실제행동이 거의 일치하는 경우가 사실이다. 문제는 우리가 요구되는 행동을 모르는 것이 아니라 잘못 알고 있는 경우이다. 피터 드러커는 "특정 직무의 생산성을 높이는 방법을 가장 잘 아는 사람은 바로 그 해당 직무를 수행하고 있는 사람이다. 주변 사람가운데 그 누구도 그 사람보다 더 잘 알 수는 없으며 우리는 이 사실을 받아들여야 한다. 반복적으로 이루어지는 단순한 직무라 하더라도 진정한 의미의 전문가는 해당 직무를 수행하는 담당자뿐이다." 지금 우리 조직의 현실은 어떠한가? 해당 담당자에게 의견을 물어보지 않고, 의사결정과정에 참여하는 노력 없이 일방적으로 변화를 요구하는 경우는 없는가?

당신은 행동에 초점을 맞추고 있는가? 구성원들이 원하는 일을 할 수 있게 하는지? 일할 때 지시하지 않고 요청하고 있는지? 감정을 통제하고 이성적으로 행동하고 있는지? 동시에 논리와 감정에 호소하고 있는지? 물론 어떠한 위치에 있더라도 당신은 리더이고, 리더십을 발휘할 수 있다. 리더가 지시하면 구성원들은 따르기만 하면 된다고 생각하는가? 이러한 의식구조는 부정적인 결과를 초래할 가능성이 클 것이다. 규모가 작아서 혼자 모든 것을 관리하고, 통제할 수 있을 때는 더 많은 행동을 취할수록 더 큰 성과를 낼 수 있다. 그러나 규모가 커진다면 시스템과 프로세스, 조직과 인간관계를 활용하지 않고는 성과를 낼 수 없게 될 것이다. 행동에 초점이 맞춰진 행동이 필요하다. 목표를 제시하고, 동기를 부여하며 원칙과 표준을 지키고, 성과를 평가하면서 다른 사람들을 이끌어야 한다. 달성가능하며 측정 가능한 목표를 세우고, 세부적인 사항까지 꼼꼼하게 관리하면서 발견된 문제나 상황변화에 신속히 대응하고, 프로젝트를 일정대로 진행해야한다. 그리고 일에 대한 우선순위와 성과기대치를 분명히 정하고, 계획대로 성과가 이루어지는지 지속적으로 확인해야 할 것이다.

당신의 진정한 능력은 무엇인가? 현재 상황에 대한 정확한 인식이 변화에 대한 동력을 만들 수 있고, 변화하는 비즈니스모델에 알맞은 비즈니스 프로세스를 만들어 낼 수 있다. 조직의 경쟁력은 야심찬 거대한 목표를 세웠다고 저절로 쉽게 이루어지지 않는다. 또한 변화를 위한 노력의 성과는 곧바로 나타나지 않으므로 비판과 견제가 뒤 따르지만 목표를 향한 꾸준한 실천만이 변화의 핵심이다. 라빈드라나트 타고르는 "우리가 느끼는 것, 아는 것, 잠재적인 능력이나 재능은 하나도 중요치 않다. 오직 실천만이 그것들에 생명을 부여한다. 우리는 의무, 용기, 사랑의 의미를 이해하고 있다. 안다는 것은 행동하는 것이다. 행동은 이해를 동반하며 지식을 지혜로 변모시킨다. 물을 바라보고 있는 것만으로는 바다를 건널 수 없다." 즉 행동이 중요하다. 당신은 인재가 아니라고 생각하는가? 지금 성실하게 일하는 것 밖에 내세울 것이 없다고 한탄하고 있다면 그 우직함이야말로 가장 감사해야 할 능력이다. 지루한 일이라도 계속해 나가는 열정이야말로 인생을 보다 가치 있게 만드는 진정한 능력이다. 계속 떨어지는 낙수는 아무리 큰 바위라도 구멍을 뚫듯이 계속은 힘이다.

세계 최강의 GE(General Electric)는 어떻게 탄생했는가? 토마스 에디슨은 백열전구 실험에 4만$ 이상을 쏟아 부었다. 그리고 1879년 10월 21일 40시간 이상 빛을 발하는 백열전구 하나를 만들어

냈다. 즉시 에디슨은 도시전체 가정에 비추어 줄 아이디어를 생각해 내고, J.P. 모건에게로 갔지만 일언지하에 거절당했다. 그러나 에디슨은 이에 굴하지 않고, 자신의 전 재산을 팔아 월스트리트 아래쪽에 자신이 개발한 작은 발전기를 설치한 뒤 맨해튼의 1만평 부지에 쓰일 전기 망을 깔기 시작했다. 그리고 어느 날 J.P. 모건의 거실로 갔다. 그의 집은 다행히 전기 망 내에 속해 있었다. 에디슨이 불을 켜자 모건이 말했다. “자 당신이 원하는 300만$ 이요. 내가 지분의 3분의 1을 갖겠소.” 그러자 에디슨이 말했다. “아니오. 그땐 그때고 지금은 지금입니다.” 그 순간부터 에디슨의 뻔뻔스러움과 모건의 1,000만$로부터 제너럴 일렉트리가 탄생한다. 그로부터 100년이 흐른 뒤 엄청난 수익성 높은 투기인 제트엔진과 AC 터빈엔진을 개발하는 모험을 하며 그 후 훨씬 더 수익성이 높은 GE캐피탈로 다각화에 성공하면서 오늘날 각 기업에 수많은 GE 출신의 리더를 배출하였다.

당신은 역사에서 무엇을 배우고 싶은가? GE는 당신이 잘 아는 전설적인 경영자 잭 웰치가 1981년부터 2000년까지 근무했던 회사이기도하다. 만약 토마스 에디슨이 모건에게 거절당한 후 포기했더라면 어떻게 되었을까? 아마도 확실히 제2의 토마스 에디슨이 나와 문제를 해결하여 엄청난 부를 얻으며 세상을 밝혔으리라 믿는다. 당신도 할 수 있다고 생각하면 할 수 있다. 대담성과 뻔뻔스러운 배짱은 당신의 영혼과 정신의 결과로 행동을 내포하고 있으며 행동은 신체와 두뇌 양쪽 세포를 모두 자극한다. 간절하게 행동하라 그러면 동기는 자연스럽게 따라온다. 발명의 신(神)인 토마스 에디슨은 지금 우리에게 무엇을 말하고 싶은 걸까? 비전을 품고, 절대 절대 절대 포기하지마라. 제품의 활용에 대한 포트폴

리오를 생각하라. 전 재산을 걸어 모험하고 행동하라. 협상하고 또 하라. 배짱을 부려라. 좋은 회사를 만들어 유전인자를 계승하라고 말하고 있는 것일까? 역사적 행동 앞에서 우리가 던져야 할 소중하고 겸손한 물음은 무엇일까? 인류와 역사의 발전에 얼마나 기여를 했는가? 이다. 지금 당신은 성과를 창출하기 위해 어떤 행동을 하고 있습니까?

〈그림12〉 **깨어 있는 평가경영**

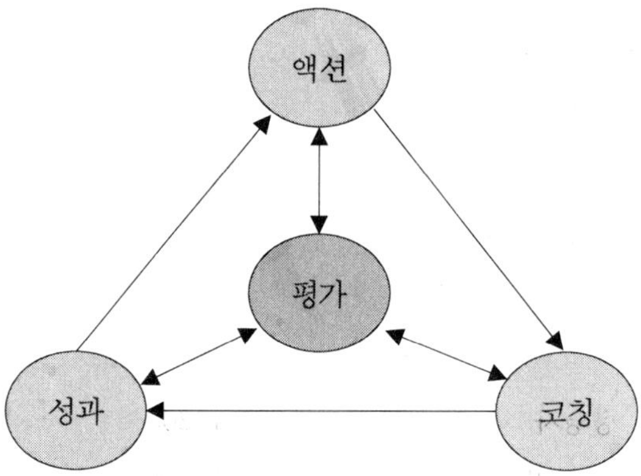

【액션 영성지수 진단】

다음은 우리조직과 나의 "깨어있는 액션 영성지수(Lamp Spirituality Quotient For Action)"를 진단하는 체크리스트입니다. 점수는 각 번호 당 10점입니다.

1. 핵심가치에 따른 구성원들의 행동원칙이 있으며 실천하고 있습니까?
2. 전략의 우선순위가 구체적이고 실제적인 행동으로 이어지고 있습니까?
3. 우선순위에 따른 전략의 실행을 가속화시키는 이벤트가 있습니까?
4. 뛰어난 성과에 대한 갈망과 이기기 위한 행동을 독려하는 역량모델이 있습니까?
5. 리더의 코칭형식이 전반적으로 바람직하다고 생각되십니까?
6. 비전에 대한 인식을 심어줌과 동시에 조직 활성화를 위한 고무적인 이벤트가 있습니까?
7. 행동을 성과로 이끌어 내기 위해서 개별직무의 요구행동을 알고 있습니까?
8. 업무에 요구되는 행동과 실제행동이 일치하고 있습니까?
9. 개인보다는 좀 더 집단을 중요시하며 결과에 대한 상호책임의식을 갖고 있습니까?
10. 직무에 대한 필요능력을 발전시키며 미래역량도 지속적으로 발전시키고 있습니까?

11. 구성원들은 자신들의 역량을 믿고 주인정신으로 직무를 수행하고 있습니까?
12. 구성원들간 관심을 보여주며 발전을 도와주고 인간적욕구를 서로 해결해주고 있습니까?

우리조직과 나의 “깨어있는 액션 영성지수”는 Total 몇 점입니까?

조직 ; 점

나 ; 점

측정점수가 나왔습니까? 당신과 조직의 영성지수의 수준을 알 수 있습니다. 점수의 해석은 다음과 같이 해석하시고 결과에 따라 신중하고 정확한 대응방법을 생각하십시오.

* 120~100점 영성경영 3.0, 경영이념 3.0입니다. ‘훌륭합니다.’만 유지가 필요합니다.
* 99~60점 영성경영 2.0, 경영이념 2.0입니다. ‘좋습니다.’만 변화가 필요합니다.
* 59~0점 영성경영 1.0, 경영이념 1.0입니다. ‘절망적입니다.’만 혁신이 필요합니다.

만약, 당신과 당신의 조직점수가 절망적이라면 희망과 용기를 가지고, 가치와 전략, 그리고 프로세스와 인재를 신중히 검토하십시오. 없다면 새롭게 디자인 하십시오. 혹시, 맨토가 있으십니까? 그렇다면 걱정하지 마시고 의논을 하십시오.

제11장

코칭(Coaching)

코칭은 행동의 올바른 방향성과 목표의 효과성으로 인도한다. 즉, 코칭은 좋은 생각과 좋은 행동, 그리고 좋은 노력을 통해서 보다 훌륭한 관계와 소통을 돕는다.

당신은 성과창출을 위해 지금 누구에게 어떤 코칭을 받고 있습니까?

일찍이 피터 드러커는 "이끌어 주고 상담과 자문의 시간을 아끼지 않아야 하며 장점을 눈여겨 찾고 인정해 주고, 칭찬해 주고 가끔은 대서특필로 기사화 시켜주어야 한다. 중요한 것은 조직에 몸담고 일하게 된 목적을 실현하고, 그들의 타고난 잠재력을 계발하고, 발휘할 수 있도록 환경과 여건을 만들어 줄 의무와 책임이 한 조직과 지도자에게 있다." 고 갈파했다. 인류 이래 지식과 기술, 지혜를 전하는 수단으로 멘토(Mentor)와 도제(徒弟), 상담(Counsel)과 코칭(Coaching)은 수많은 위대한 인물들을 배출했으며 오늘날 최고경영자들도 이와 다르지 않다. 마케도니아 왕 필리포스 2세는 13살의 알랙산드로스를 위해 아리스토텔레스에게 스승이 되어달라고 부탁했으며 그가 바로 알렉산더대왕이다. GE의 전설 잭 웰치는 멘토 피터 드러커를 통해서 GE의 새로운 역사를 만들어 나갔다. 멘토(Mentor)의 유래는 8세기 호메로스에 의해 쓰여진 『오디세이아』에 나오는 주인공이자 트로이 전쟁의 그리스 영웅, 오디세우스는 어린 아들 텔레마쿠스를 자신의 오랜 친구 멘테스(Mentes)에게 "너무나도 사랑하는 내 아들을 그대에게 부탁하오. 그대가 나를 사랑한다면 그의 어린 시절을 지켜보아주오. 가급적 입에 발린 말을 멀리하게 하고, 정욕을 다스릴 줄 아는 인간이 되도록 가르쳐 주오." 당신은 성과창출을 위해 지금 누구에게 어떤 코칭을 받고 있습니까?

행복한 운명을 위해 무엇을 준비 했는가? 상시 구조조정을 하는 조직은 급변하는 환경에 따른 변화와 이동, 전환으로 조직의 목표 수정, 전문지식 습득과 경력개발이 수시로 필요하다. 그렇지 않은 조직의 구성원들도 자신이 원하는 위치로 이동하려는 욕망을 항시 갖고 있으므로 코치는 그들이 목적지를 결정하고, 여행을 계획하며 목적지에 안착할 수 있도록 도와야 한다. 지금 어느 때보다도 구성원들은 출세와 승진을 위한 지나친 경쟁으로 인한 인간관계의 소외와 고립 등 엄청난 스트레스로 인해 자신의 정체성의 혼란을 겪고 있다. 그러므로 내면적으로 자기 자신을 재 정의하고 싶기 때문에 내밀한 지지를 해줄 좋은 친구처럼 인생여정의 동반자로 영혼을 지키며 생명의 에너지를 내 뿜을 수 있도록 도와주는 스승이 절실하다. 마르쿠스 아우렐리우스 황제는 "항상 자신에게 이렇게 말하라. 나는 외롭기는 하더라도 모든 장소에서 행복할 수 있다. 왜냐하면 스스로에게 행복한 운명을 준비하는 사람이 행복하기 때문이다. 즉 좋은 생각과 좋은 노력, 좋은 행동이 바로 그것이다." 여기서 좋은 생각은 자신의 생각을 이성에 합당하게, 좋은 노력은 자신의 능력 안에 있는 것을 사용하고, 좋은 행동은 공정해야 함을 말하고 있다. 당신은 좋은 멘토를 가지고 있는가?

당신은 영혼의 대화를 하고 있는가? 희망이 없을수록 또 절망할수록 영적인 대화를 통해 직관을 통한 통찰력, 영적인 능력이 필요하다. 톨스토이는 장자크 루소의 작품을 읽고, 감동한 나머지 그의 초상이 새겨진 메달을 구해서 목에 걸고 다녔다. 루소와 정신적으로 하나가 되고 싶어서였다. 그의 영향으로 암기와 주입식 위주의 대학공부를 중퇴하였으며 이유는 "진짜 공부를 하기 위해서" 라고 했다. 니체는 쇼펜하우어를 읽고, 어려운 일이 있을 때

마다 "쇼펜하우어 나를 도와주세요." 라고 기도를 했다. 힘들고 지칠 때 마다 쇼펜하우어 초상화를 보면서 자신을 달랬다. 노벨물리학상 수상자인 판데르말스는 사색(思索)을 하다 막히면 세상을 떠난 철학자 라이트 요한에게 "당신이라면 이 부분을 어떻게 풀겠습니까?, 당신이라면 여기서 어떤 결론을 이끌어 내겠습니까?" 라고 묻곤 했다. 당신 스스로 신이 되지 못하면 절대로 신을 볼 수도 들을 수도 없다. 인간의 상상력은 매우 강력하다. 인간의 뇌는 무한 지성으로 무한한 우주의 자원에 접근할 수 있는 능력이 있다. 당신은 어떤 방법으로 통찰력을 얻고 있는가? 지금 당장 지성이 통합된 장(場)으로 당신이 좋아하는 인물을 불러와 질문을 하고, 이야기를 경청하라. 당신이라면 이 문제를 어떻게 처리하시겠습니까?, 당신이라면 이런 상황에서는 어떻게 처리하는 것이 좋겠습니까?

언제 누구에게 코칭이 필요한가? 조직은 어려운 상황 속에서도 언제나 뛰어난 성과를 원하고 있다. 운동경기에서 코치는 각 선수들에게 임무를 부여하고, 맡은 임무를 다하도록 동기부여 하듯이 조직도 마찬가지다. 당신의 팀에서 누군가 열심히 노력하지 않으며, 전략이 부적절하고, 업무에 필요한 재능이 부족하며, 감정을 앞세워 공정성을 잃으면 성과창출은 기대하기 어렵다. 코칭이 필요한 때 이다. 존 맥스웰은 "누구나 자기 안에 위대함의 씨앗을 품고 있다. 비록 그 씨앗이 아직 싹을 피우지 못했다 하더라도 누군가 믿어주면 그 씨앗에서 싹이 피어나게 마련이다. 한번 믿어 줄때마다 생명의 물과 온기, 음식, 햇빛을 주는 것이다." 즉 구성원들은 작은 도움이라도 큰 용기를 얻을 때가 있다. 코칭이란 조직적 프로세스를 잘 활용하여 구성원들이 일을 완수하기 위해 집단적 자원을 잘 활용하는 것을 돕는다. 코칭은 동기부여와 조언, 교육과 훈련 등을 통해 사전 위험을 방지하며, 손실과 낭비를 줄이고, 이익을 늘리는 것을 도우며, 조직의 전반적인 효과성을 높이는 데 기여한다. 노력에 대한 코칭은 본질상 용기의 동기를 부여한다. 전략에 대한 코칭은 본질상 변화의 조언을 제공하는 것이다. 업무의 능력은 과제와 상황의 요구사항과 기회에 맞게 우선순위를 찾는다. 공정(公正)은 업무와 인간관계에 대한 진실과 사실에 관한 코칭이다.

좋은 멘토의 핵심적 특성은 무엇인가? 멘토(Mentor)는 구성원의 말을 능동적으로 경청하고, 존중하면서 닥친 어려운 상황을 극복할 수 있도록 돕는다. 조직의 목표를 향해 어떻게 하면 팀들이 융화되고, 학습능력을 유지할 수 있는지에 관한 본보기를 보여주는 것을 말한다. 더 나아가 이익을 위한 협력관계나 거래차원의 도움을 넘어서 인생의 중요한 의미와 가치를 나누기도 한다. 훌륭한 멘토는 대체로 무언가 사회에 되돌려주어야 할 의무감을 가지고 있는 사람으로 이미 깨달음을 얻은 이들이다. 예를 들면 과거에 힘들었을 때 좋은 멘토를 만나 많은 도움을 받아서 개인적으로나 사회적으로 성공한 사람일수도 있다. 진실한 지혜일수록 한 개인의 소유물일수 없다. 가치 있는 경험을 통해서 깨달음을 얻은 사람은 기꺼이 그 지혜를 다른 사람들과 공유하고, 또 그들도 자신이 얻은 가치들을 더 많은 사람들과 나눌 것을 바라고 있기 때문이다. 좋은 멘토는 어떤 특성을 가져야 할까? 구성원의 욕구에 대해 적극적으로 경청할 수 있는지? 진지하고 성실하게 지켜볼 수 있는 인내심과 평정심이 있는지? 구성원의 미션과 가치, 그리고 비전과 목표를 이해하기 위해 기꺼이 시간을 투자할 수 있는지?

상황에 따라 적합한 질문을 할 수 있는 통찰력이 있는지? 문제에 대한 객관적이고, 실행 가능한 피드백을 제시할 능력이 있는지?

당신 조직의 멘토와 코칭 운영은 어떤가? 앞으로 나아갈 수 있는 중요한 방법은 두려워하지 않고, 도움을 청하는 것이다. '기업가 정신'을 학문적 영역으로 끌어올린 개척자 하워드 스티븐슨 교수는 2011년 7월 하버드 경영대학원에서 은퇴하며 "나에게 내 놓을 것이 있는 한 나는 그것을 마땅히 내 놓아야 합니다. 그리고 내가 새로운 경험을 받아들이고, 새로운 도전과 마주할 수 있는 한, 나는 유사한 길을 더 멀리 걸어간 사람으로부터 도움을 받을 수 있을 것이다." 자연스럽게 시간이 흐르면서 역할도 바뀌듯이 인생의 목적 위에서 현재 자신이 어디에 있으며, 어디로 가는지 지금이 중대한 전환점인지? 경력개발을 도움 받을 수 있고, 인생이라는 큰 그림도 피드백을 받을 수 있는지? 업무의 외형적인 공통점이나 경력의 많고, 적음에 따라 멘토와 멘티를 정하는지? 결국 단순히 연관된 분야의 경험과 지식을 가진 유사해 보이는 두 사람을 기계적으로 짝 지워 놓았는지? 멘토와 롤 모델과 혼동하고 있지는 않는지? 만약 5년 후, 하고 싶은 모습에 정확히 들어맞는 사람을 멘토로 삼는다면 과연 좋을지? 환경과 사람이 다른데 무작정 멘토의 생각과 행동대로 똑같이 움직인다면 과연 괜찮을지? 물론 멘토와 코칭은 생각하는 것처럼 싶지 않다. 당신과 유사한 점이 너무 많으면 역효과를 낳을 수도 있다. 그렇기 때문에 반드시 같은 목표를 가질 필요는 없다.

당신은 위대한 용기를 가지고 있는가? 자신이 고민하고 있는 문제에 대해 구체적이고, 명확한 해결책을 구하고 싶은가? 시행착오를 경험했던 누군가로부터 실제적인 경험을 듣고 배우는 것은 중요하다. 그러나 젊을수록, 직위가 높고 전문가일수록 무척 어렵다. 이들은 대체로 자긍심이 높아 자신만만한 사람들이다. 자존심 때문에 누군가의 충고를 듣는 다는 것은 자신의 약한 모습을 보인다고 생각하며 직접 경험하지 않은 일은 아예 인정조차 하지 않는다. 이런 경우 조직은 기 확보된 풍부한 자원, 즉 지적이고 감성적인 에너지를 제대로 활용하지 못할 수도 있다. 조선시대 세종대왕은 『성리학대전』을 읽고, 집현전 응교 김돈에게 "짐이 한번 읽어 보았는데 책의 의미는 쉽게 탐구할 수 없었다. 그대는 유념하고, 읽어서 짐의 질문에 대비하라." 고 말했다. 왕이라도 자신의 부족함을 알고, 아랫사람에게 정중하게 부탁하는 위대한 용기가 필요하다. 아이작 뉴턴은 "내가 남들보다 좀 멀리 봤다면 그건 거인들의 어깨 위에 서 있었기 때문이다." 고 말했듯이 기꺼이 다른 사람들의 경험과 예측과 지식을 빌릴 때 멀리 높이 볼 수 있다. 멘토와 코칭을 받고 싶은 사람은 어떠한 태도와 자세를 가져야 할까? 충고와 조언을 구하는 일을 자존심 상하는 일이라고 생각하는가? 부끄럽게 생각하거나, 행동하기를 주저하면 스스로 기회를 만들 수 없다.

당신은 동기부여 자가발전을 갖추고 있는가? 프레데릭 허즈버그는 "동기부여가 된 사람들은 내면에 자가발전 시스템을 갖추고 있는 것과 같아서 외부에서 물질적 보상이 주어지지 않더라도 필요한 행동은 한다. 하지만 동기부여가 되어 있지 않는 사람들은 내면에 충전식 건전지를 지니고 있는 것과 같아서 물질적 보상을 통해 내면에 충전식 건전지를 지니고 있는 것과 같다." 고 했다. 즉 물리적 보상, 임금이나 보너스, 복리후생제도 같은 것으로는 동기부여 하는데 한계가 있으며 오래가지 못한다. 물질적 보상이 오래

가지 않는다면 또 다른 방법은 무엇인가? 가장 효과적이며 선순환이 지속적으로 이루어지도록 동기부여 하는 방법은 무엇일까? 당신은 뛰어난 성과를 창출하고 싶은가? 그렇다면 당신은 어떤 행동을 가장 많이 하는지? 어떤 행동을 좋아하는지? 어떤 일이 즐거운지? 반복적으로 수행하면 성과는 더 향상할 수 있는지? 어떤 행동을 통해 가장 큰 성과를 내고 있는지? 그러한 행동과 관련된 일을 할 수 있는지? 아니면 스스로 기회를 찾는 노력을 지속적으로 하고 있는지? 구성원들의 마음은 볼 수도 없고, 측정하기도 어렵기 때문에 이를 통해서는 동기부여가 잘 되어 있는지 모른다. 그러므로 측정이 가능한 행동에 상당한 주의와 관심을 기울여야 한다. 당신은 성과창출을 위해 지금 누구에게 어떤 코칭을 받고 있습니까?

【코칭 영성지수 진단】

다음은 우리조직과 나의 "깨어있는 코칭 영성지수(Lamp Spirituality Quotient For Coaching)"을 진단하는 체크리스트입니다. 점수는 각 번호 당 10점입니다.

1. 과거보다 다 나은 일 처리방식을 끊임없이 찾고 있습니까?
2. 뒤쳐진 구성원들에게 처벌보다는 변화에 기여한 구성원들에게 축하와 인정을 합니까?
3. 구성원들에게 변화를 지시하기보다는 요청하는 접근방법을 사용하고 있습니까?
4. 변화를 열망하는 적극세력에 보다 많은 집중과 주의를 갖고 있습니까?

5. 성공의 열쇠를 쥐고 있는 핵심집단의 지지를 이끌어 내고 있습니까?
6. 구성원들에게 긴박감과 위기감을 조성하고 있습니까?
7. 핵심적인 변화와 혁신을 위한 프로그램이 명확하게 짜여 있습니까?
8. 교육훈련과정에 만족하고 과정이 개념을 잘 전달하고 있습니까?
9. 교육을 통해서 전달된 개념들이 직무에서 사용되며 조직성과에 긍정적인 영향을 줍니까?
10. 팀워크를 다져주는 공식적인 훈련이 있습니까?
11. 필수적인 팀 기술과 역량을 체계적으로 재검토 하는 과정이 있습니까?
12. 조직은 고무적인 코칭문화를 가지고 있습니까?

우리조직과 나의 "깨어있는 코칭 영성지수"는 Total 몇 점입니까?

조직 ;　　　점
나　 ;　　　점

측정점수가 나왔습니까? 당신과 조직의 영성지수의 수준을 알 수 있습니다. 점수의 해석은 다음과 같이 해석하시고 결과에 따라 신중하고 정확한 대응방법을 생각하십시오.

* 120~100점 영성경영 3.0, 경영이념 3.0입니다. '훌륭합니다.'만 유지가 필요합니다.

* 99~60점 영성경영 2.0, 경영이념 2.0입니다. '좋습니다.'만 변화가 필요합니다.
* 59~0점 영성경영 1.0, 경영이념 1.0입니다. '절망적입니다.'만 혁신이 필요합니다.

만약, 당신과 당신의 조직점수가 절망적이라면 희망과 용기를 가지고, 프로세스와 액션, 그리고 관계와 소통을 신중히 검토하십시오. 없다면 새롭게 디자인 하십시오. 혹시, 맨토가 있으십니까? 그렇다면 걱정하지 마시고 의논을 하십시오.

제12장

성과(Performance)

성과는 시스템의 산출물이다. 모든 요소는 하나의 시스템 속에서 상호작용하기 때문이다. 즉, 목표와 전략, 프로세스와 인재로부터의 행동과 코칭의 결과다.

당신은 성과창출을 위해 무엇을 기여하고 있습니까?

일찍이 애덤 스미스는 "위치는 인간생활의 모든 노동의 절반의 목표이며, 그리고 탐욕과 야심이 이 세상에 도입한 모든 소란과 동요, 모든 강탈과 부정의 원인이다." 고 갈파했다. 즉 위치는 자신이 속한 사회에서 상대적 지위와 순위를 말하므로 인간은 더 높은 순위에 도달하기 위해 부와 지위를 갈망하고, 행복을 추구한다. 이것이 경제를 발전시키고, 문명의 원동력이라고 생각했지만, 환상이며 기만에 불과하다고 보았다. 또한 "존경받을 자격이 있고, 존경을 획득하고, 사람들의 존경과 감탄을 즐기려는 것은 야심과 경쟁심의 위대한 목적이다. 그렇게나 열심히 갈망하는 이 목적을 달성할 수 있는 두 개의 서로 다른 길이 우리에게 제시되어 있다. 하나는 지혜를 배우고, 도덕을 실천하는 길이다. 다른 하나는 부와 권세를 획득하는 길이다."고 했다. 결국 부와 권세의 탐욕은 권력과 독재, 자본과 독점, 성장과 규제, 비리와 부패, 왜곡과 축소, 갈등과 폭력, 생명과 파괴, 망각과 포기, 흥망과 성쇠를 낳는다. 반복적 역사에서 항상 존엄과 보호의 대상인 사람은 아예 없었다. 보편적 인권 말이다. 당신은 재산과 권력에 오른 사람 중에 존경받으며 감탄을 자아내는 사람을 보았는가? 지금 당신은 성과창출을 위해 무엇을 기여하고 있습니까?

인생과 경영의 궁극적 성찰과 깨달음은 무엇인가? 애덤 스미스는 "부와 영예와 높은 지위를 향한 경주에서 사람들은 다른 경쟁자들을 이기기 위해 자신의 온 힘을 다해 달리고, 자신의 정신적,

육체적 노력을 모두 기울일 것이다. 그러나 만약 그가 자기 경쟁자들 중 어느 누구를 밀어제치거나 넘어뜨리면, 관찰자들의 관용은 거기서 완전히 끝난다. 그것은 공정한 경쟁을 위반하는 것으로 관찰자들은 그것을 용납할 수 없다."고 갈파했다. 참된 성공과 행복이란 무엇인가? 우리는 재산과 권력에 이르는 길을 걷는 과정에서 값비싼 도덕과 지혜를 학습한다. 상식과 명분, 건강과 웃음, 희생과 봉사, 참여와 연대, 분배와 복지, 민주(民主)와 자유, 비움과 나눔, 직관과 경이로움이다. 결국 도덕을 실천하면서 부와 권세를 획득할 때, 부와 권세를 가지고 도덕을 실천했을 때, 존경의 자격과 획득을 하며 사람들에게 깨달음과 감탄을 줄 수 있다. 최선의 삶이란 무엇일까? 조직이든 사회든 '보이지 않는 손' 인 '정의와 공정'에 의해 '야심과 경쟁심'이 통제되어 발전하는 것이다. 이것은 환상과 기만이 아닌 평정심이요 최선의 행복과 공동의 선(善)이며, 지속가능한 생존의 경쟁과 성과다.

무엇이 풍요로움을 만드는가? 우주(宇宙)에서 생명을 가진 시스템 중 가장 대표적인 동물중 하나가 인간이지만, 늘 변하는 존재로서 주체적이면서 홀로 독립된 존재라고 볼 수 없다. 끝임 없이 변화하는 환경의 영향을 받아 에너지와 정보, 물질을 교환하면서 살 수 밖에 없는 의존적인 존재가 무아(無我)다. 인간은 프로세스(Process)적 존재로 분업이 본능적으로 필요하며 전문성과 역량을 발휘해 노동생산성에 영향을 주며 자본을 축적한다. 또한 프로세스가 서로 연결된 세계가 시스템이다. 당신의 전문성과 역량은 무엇인가? 전문성이란 특정영역의 활동을 효율적인 면에서 최적으로 실행하여 효과적인 결과를 얻는 일관된 능력을 말한다. 역량이란 특정영역의 활동을 최소 수준의 효율성으로 실행하여 효과적인 결과를 얻는 일관된 능력을 말한다. 이 과업에서는 어떤 전문성과 역량이 필요한지? 어떠한 전문지식이 필요한지 일반지식이면 충분한지? 전문성과 역량이 필요하다면 어떤 경로를 통해서 개발할 수 있는지? 자체적 개발보다 전문가를 고용하는 것은 어떤지? 직무기술서와 과업목록은 충분히 작성되어 있는지? 문제해결을 위한 시스템 과업분석은 충분한지?

성과는 왜 시스템인가? 리처드 스완슨은 "조직에서 성과를 향상시키는 방법에는 조직개발, 훈련, 품질개선, 리엔지니어링, 인적자원개발, 성과기술 등과 같이 여러 가지가 있다. 그 효과를 확인하는 한 가지 방법은 조직의 핵심 프로세스와 관련부분들이 기본 투입과 산출을 통해 가치가 부가되는지 보는 것이다. 하지만 널리 유행하는 성과향상 기법은 실제로는 조직의 핵심투입 산출과는 연계하지 않고, 조직 성과측정에 직접적인 관련이 없는 활동인 경우가 더 많다."고 했다. 조직은 지속가능한 생존을 위해서 언제나 변화하는 정치와 경제, 사회와 문화, 기술의 환경 속에서 움직여야 한다. 즉 조직은 하나의 시스템(System)으로써 개방된 실체며 끊임없이 살아있는 생명체다. 시스템적 사고는 단편적이고, 기계적인 근시안생각을 지양하며, 항상 전체적으로 통합하는 통찰력을 준다. 둘이 아닌 하나로서 세상에 있는 모든 만물(萬物)을 전체로 보며, 각 부분을 분리해 개별적으로 보지 않는다. 세상은 모두 연결돼 있고 분리돼 있지도 않다. 모든 요소는 반드시 하나의 시스템 속에서 상호 작용하기 때문이다. 그러나 탁월한 시스템과 프로세스가 있어도 영혼이 없으면 작동을 멈춘다.

성과향상을 위한 시스템적 사고란 무엇인가? 조직은 무엇을 먹고 사는가? 성과와 보상을 먹고 산다. 성과란 무엇인가? 의무나 요구사항을 만족시키는 것, 또는 약속했거나 기대했던 대로 무엇을 성취하는 것을 말한다. 성과향상은 어떻게 이루어지는가? 실제 산출을 통해서 명시되고, 산출에 변화가 나타나야 측정을 통해 평가할 수 있다. 조직에서 효율과 효과적으로 성과를 얻기 위해서는 시스템적으로 접근해야 한다. 간단히 요약하면 자본과 사람, 물질과 에너지를 프로세스에 투입함으로써 상품이나 서비스 등으로 산출(Outputs)하는 것으로 설명할 수 있다. 정해진 시간에 한정된 자원을 투입, 프로세스에서 처리 및 피드백 하여 최종적으로 상품과 서비스 형태로 산출하여 환경으로 주면 우리 인간들이 사용하고, 다시 환경으로 되돌아간다. 버클래이는 "체계적인 성과향상은 조직 속에서 일어나는데, 조직이란 그 자체로 시스템이면서 늘 변화하는 하나의 큰 환경 시스템 속에서 기능하는 하위 시스템이기도 하기 때문에 시스템 이론은 성과향상의 핵심에 있다."고 했다. 즉 부분이 아니라 시스템 전체를 보는 것이 중요하며 성과는 늘 시스템적 사고에 숨어있다.

시스템은 성과를 향상 하도록 설계되었는가? 시스템은 그 목적과 목표로 확인할 수 있다. 즉 시스템의 상호작용을 확인하는 방법은 집합적인 산출을 확인함으로써 알 수 있다. 시스템 속에서 작동하는 것이라면 어떤 작은 것이라도 그것을 시스템에서 제거하면 작동을 멈춘다. 이때, 단 하나의 요소에 집착하거나 시스템문제를 그 요소 하나 때문이라고 보는 것은 적절치 못하다. 왜냐하면 하나의 목적을 위해서 전체는 서로 조직화된 방식으로 연결된 부분들과 요소들의 조합이기 때문이다. 시스템은 계속 변화하며 움직인다. 즉 시스템은 투입을 산출로 변환하는 과정의 프로세스(Process)를 가동하기 위해 존재한다. 시스템은 언제나 닫힌 것보다는 가능한 열린 시스템이어야 한다. 거시적 환경에 따라 조직의 미션과 목표는 잘 부합하는가? 조직의 미션과 목표는 프로세스 목표와 잘 부합하는가? 프로세스의 목표는 구성원들의 미션과 목표에 잘 부합하는가? 프로세스는 시스템으로 작동하도록 설계되었는가? 프로세스의 유지와 향상을 위해 필요한 인재와 정보를 제공하고 있는가? 각 구성원들은 전문성과 역량을 향상시키기 위해 적절한 교육과 지원을 받고 있는가?

성과지표와 목표를 신뢰하고 있는가? 니이체는 "언젠가 날기를 원하는 자는 먼저 서는 것, 걷는 것, 달리는 것, 뛰어오르는 것, 기어오르는 것, 춤추는 것을 배우지 않으면 안 된다. 처음부터 날기를 배울 수는 없다."고 했다. 성과관리는 끊임없는 학습과 혁신을 통해 구성원들의 역량과 전문성을 향상시켜 가치창출을 얻는 과정이며 힘든 여행이다. 따라서 정교한 피드백은 당사자들의 신뢰관계에 큰 영향을 준다. 당신은 측정지표를 전략적 의사결정에 사용하는가? 조직이 나갈 바를 알고, 원칙에 대한 일관성을 지키는가? 목표를 합리적으로 정하고 합의를 이끌어 내는가? 스스로 정한 목표를 반드시 달성하려고 하는가? 과업수행에 대한 스토리를 추적하고 있는가? 성과에 대한 기여와 동기부여에 대해 피드백을 받고 있는가? 성과의 문제점을 발견하고 변화와 혁신을 하는가? 엘리 골드렛은 "나를 측정하는 방법을 말하세요. 그러면 내가 어떻게 행동을 위할지 말하지요. 우리 회사에서 당장 성과를 개선하려면 우리가 무엇을 할 수 있지요. 현재 잘못된 행동을 지배하는 한 가지 중요한 측정지표를 바꾸세요."라고 주장했다. 즉 성과지표는 구성원의 행동에 강력한 영향을 주기 때문에 성과를 공정하게 측정할 수 있다면 모든 구성원들의 행동을 알 수 있다.

통합적인 성과관리를 지향하는가? 평가와 보상, 통제와 책임을 묻는 것을 넘어 스스로 변화와 혁신에 적극적으로 활용해야 한다. 즉 구성원들이 항상 변화와 혁신에 대한 주인의식을 갖게 될 때 진정한 성과관리의 핵심이다. 성과관리는 단지 승진과 보상만을 위한 것도, 부분실적의 최적화도, 단기적인 성과추구도 아니다. 조직은 공통의 목표달성을 위해 프로세스 상에서 상호보완적인 기술과 경험, 역량과 전문성을 가지고 서로 최선을 다해 도와줄 거라고 믿어야 한다. 따라서 결과에 대한 상호책임의식, 즉 타인의 실패는 나의 실패며 전체의 실패라는 시스템적 의식은 매우 중요하다. 당신은 성과를 공정하게 측정하는가? 성과지표와 측정은 이해당사자와 팀 간에 협력을 촉진하는가? 계획한 목표를 향해 나가고 있는가? 성과지표들은 환경변화에 대응이 가능한가? 핵심자원을 어떤 프로세스에 투입하고 있는가? 자원을 효율적으로 활용하여 무엇을 산출했는가? 성과측정 데이터를 정보와 지식으로 산출하는가? 지혜와 통찰로 전환하고 있는가? 스피드하게 전략적 의사결정에 활용하고 있는가? 측정에 관한 모든 데이터는 자주 학습과 실험, 변화와 혁신에 활용하는가? 성과측정 데이터들은 유형 및 무형자산으로 분류돼 지속적으로 최적화 하는가?

성과향상을 위한 핵심질문은 무엇인가? 당신이 느끼는 가장 중요한 성과이슈가 무엇인가? 조직의 미션과 가치는 무엇인가? 전략과 목표는 무엇인가? 성과지표는 무엇이며 어떻게 달성하는가? 역할과 기여도는 무엇인가? 성과란 구체적으로 누가 책임지는가? 성과의 주체는 누구인가? 성과목표와 보상은 어떻게 이루어지는가?

지금 조직과 업무팀의 성과는 향상되었는가? 핵심 프로세스의 성과는 향상되었는가? 구성원들의 성과는 향상되었는가? 성과를 위한 동력과 변수들은 무엇인가? 성과시스템의 설계는 어떻게 구성되었는가? 성과를 향상시키는 핵심역량은 무엇이며 향상시키는 것이 무엇인가? 구성원들의 핵심 동기는 무엇인가? 전문성은 무엇이며 향상시키는 것이 무엇인가? 성과측정은 무엇을 어떻게 언제 누가 하는가? 고객과 구성원들의 만족은 어떻게 측정하는가? 최초의 업무목표와 최종성과 결과의 차이는 무엇인가? 성과에 대해서 무엇을 만족하며 무엇을 아쉽게 생각하는가? 앞으로 어떻게 성과를 향상하고 싶은가? 성과향상에 대한 계획서가 있는가? 관련 팀들이 서로 공감하고 있는가? 지금 당신은 성과창출을 위해 무엇을 기여하고 있습니까?

【성과 영성지수 진단】

다음은 우리조직과 나의 "깨어있는 성과 영성지수(Lamp Spirituality Quotient For Performance)"를 진단하는 체크리스트입니다. 점수는 각 번호 당 10점입니다.

1. 각 구성원들은 모두 미션과 가치, 비전과 목표 전략을 공유하고 있습니까?
2. 비전과 목표를 달성하기 위한 전략과제를 실행하고 있습니까?
3. 전략과제별 핵심성공요인을 알고 있으며 핵심성과지표로 사용하고 있습니까?
4. 주요 핵심성과지표는 관리 상태에 대해서 주기적으로 표시하고 있습니까?

5. 전략과제의 운영 및 실적은 주기적으로 보고되며 진척관리하고 있습니까?
6. 지난 3년 동안 전략적 목표는 2회 이상 성취 하였습니까?
7. 비교대상이 되는 조직보다 매니저 당 평균수익(생산성)이 높습니까?
8. 일반적으로 모든 구성원들이 성과결과를 공유하고 있습니까?
9. 인사고과를 위한 역량평가, 업적평가를 정기적으로 하고 있습니까?
10. 성과에 도움이나 방해가 되었던 상황에 대해 묻고 토의하고 있습니까?
11. 평가에 동의하지 않는 부분이 있다면 구체적 근거를 찾아 토의를 하고 있습니까?
12. 강점을 더욱 강화시키고 계발이 필요한 영역을 향상시키는 방법에 대해 토의합니까?

우리조직과 나의 "깨어있는 성과 영성지수"는 Total 몇 점입니까?

조직 ; 점

나 ; 점

측정점수가 나왔습니까? 당신과 조직의 영성지수의 수준을 알 수 있습니다. 점수의 해석은 다음과 같이 해석하시고 결과에 따라 신중하고 정확한 대응방법을 생각하십시오.

* 120~100점 영성경영 3.0, 경영이념 3.0입니다. '훌륭합니다.'만 유지가 필요합니다.

* 99~60점 영성경영 2.0, 경영이념 2.0입니다. '좋습니다.'만 변화가 필요합니다.
* 59~0점 영성경영 1.0, 경영이념 1.0입니다. '절망적입니다.'만 혁신이 필요합니다.

만약, 당신과 당신의 조직점수가 절망적이라면 희망과 용기를 가지고, 가치와 목표, 전략과 프로세스, 액션과 코칭을 신중히 검토하십시오. 없다면 새롭게 디자인 하십시오. 혹시, 맨토가 있으십니까? 그렇다면 걱정하지 마시고 의논을 하십시오.

【평가경영 레이더차트 그리기】

다음은 '평가'에 관한 우리조직과 나의 "깨어있는 영성지수(Lamp Spirituality Quotient)"를 종합 진단하는 레이더차트입니다. 앞에서 기록한 점수를 기입하시고 나는 빨강, 조직은 파랑색깔로 마킹하시고 직선으로 연결하십시오. 앞장의 '영성', '역량', '관계'부분도 연결합니다.

1. 액션(Action)

   ① 조직; 　　　점　② 나; 　　　점

2. 코칭(Coaching)

   ① 조직; 　　　점　② 나; 　　　점

3. 성과(Performance)

   ① 조직; 　　　점　② 나; 　　　점

〈그림13〉 평가에 관한 '깨어 있는 영성지수'

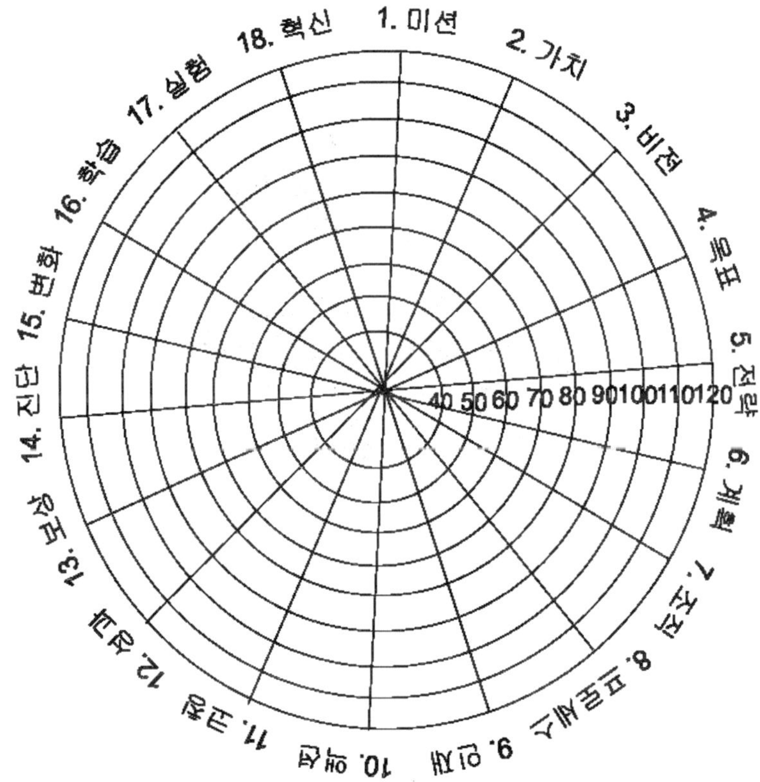

"습관은 동 앗줄과도 같다. 한 올 한 올 날마다
엮다보면 결국 끊지 못하게 된다. 따라서 우리는 훌륭하고,
긍정적이며 생산적인 습관을 형성해야 한다."

호레이스 만

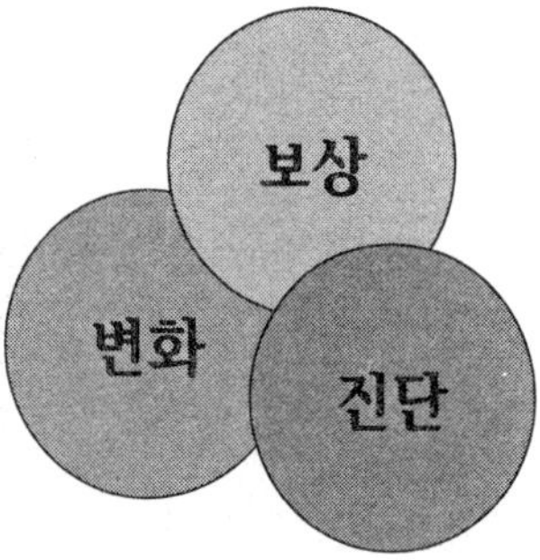

제5부

성찰경영

나와 우리는 지금 어디에 와 있는가?

<피터 페르디난드 드러커; Peter Ferdinand Drucker, 1909-2005>

"이상과 비전을 창조했는가? 더 높은 질적 표준을 설정하였는가? 더 높은 가치관과 더 단단한 각오와 결심을 고취시켰는가? 인간의 위엄과 인간의 능력을 증진 시켰는가? 처음엔 그랬지만 과연 지금도 그런가? 아직도 이런 서비스를 고객들이 필요로 하고 요구하고 있는가? 아니면 해 오던 일이고 우리가 잘하는 일이기 때문에 그냥 계속하는 것인가?"

"숫자로 측정할 수 없는 '질적 목표' 를 수립해야 한다. 먼저 질적 성과를 규명한 후에 양적 성과를 따져야 한다. 질적 성과 없는 양적성과는 완전 실패를 초래한다. 내가 원하는 구체적 결과에 반추해서 목표를 세우고 그 목표가 우리가 시작해야 하는 사명감과 주변 환경에 부합되는 목표인지 확인해야 한다."

"실패보다 성공한 후에 망한 조직이 더 많다. 늘 우리들이 수행해야 하는 사명과 과업을 꿰뚫어 보고 있는지 새로운 사명이 필요한지 항상 검토해야 한다. 또한 효과도 없이 귀중한 자원을 낭비하고 있는 건 아니지도, 혹 목적을 완수 했다고 쉬고 있는 건 아닌지? 상황에 따라 변하고 혁신해야 한다."

"조직이 사람의 성장을 돕고 있는가? 방해하고 있는가? 지난 시기 새롭게 배운 것은 무엇인가? 내 인생에 어떤 변화가 있었는가? 내가 몸담고 있는 조직체와 자신의 삶에 어떤 변화를 가져오기 위하여 내가 무엇에 전심전력을 기울여야 하며, 또 어떤 부분에서의 결과가 좋아야 하는가?"

"내 자신과 내가 몸담은 조직체가 후일의 역사에 어떻게 기억되고 기록될 것인가? 한 차원 높은 수준에서 조직의 목적과 사명을 이해하며 그것들을 완수하기 위해서 필요한 요긴한 기술과 능력을 습득하고 있는가?"

제13장

보상(Reward)

보상은 성과에 대한 기여로 받는 선물이며,
구성원들에게 동기부여를 준다. 가장 가치 있는 보상은
자기실현을 향한 개인적인 성장과 발전을
인정해줄 때 이다.

당신은 성과창출에 대해 어떠한 보상을 받고 있습니까?

일찍이 미하이 칙센트 미하이는 "경험의 질서를 창조해 냄으로써 얻는 보상이 진화를 촉진시키는 추진력이 되어 왔으며 우리의 자리를 대신하게 될 우리들보다 더 현명하고, 복합적인 삶을 사는 우리의 후손들을 위한 기반을 마련해 주었다."고 말했다. 경험의 질서란 내적 경험의 최적상태이며 의식이 질서를 가지고 움직이는 것을 말하며, 보상이란 도전적인 과제를 성공적으로 수행할 때 따라오는 내적인 보상을 말한다. 미켈란젤로는 6년 동안, 19미터 높이의 구조물 위에서 간신히 몸을 버텨가며 로마 시스티나 성당의 천장벽화 '최후의 심판'을 그렸다. 그가 구조물 위에 올라가 천장 구석에 인물 하나를 조심스럽게 그려 넣을 때 친구가 물었다. "여보게 왜 그 고생인가? 그 쪼그만 인물이 완벽하게 그려졌는지 아닌지 누가 안단 말인가?", "내가 알지" 라고 일갈했다. 행위의 적정성이나 부적성은 궁극적으로 감정과 마음에서부터 온다. 이 일은 과연 내가 진정으로 하고 싶은 일인가? 이 일을 하면서 나는 정말 즐거운가? 앞으로도 이 일을 즐길 수 있을 것인가? 나와 다른 사람들의 희생을 감수하면서까지 추구할 가치가 있는가? 이 목적을 달성하고 난 후 내 자신에게 만족할 수 있을까? 지금 당신은 성과창출에 대해 어떠한 보상을 받고 있습니까?

당신은 어떤 인간이 되고 싶은가? 무엇을 할 때 행복감을 느끼는가? 일을 진심으로 사랑했는가? 당신을 사랑해주는 사람들이 있는가? 1982년 어느 날, 작은 거인 조용필은 "오늘 따님이 흘린 눈물이 제가 평생 벌었고, 앞으로 벌게 될 돈보다 더 비쌉니다.”라고 말하며 사례를 정중히 거절했다. “매니저가 시골 요양병원 원장의 전화를 받았는데 14살짜리 지체장애 소녀가 ‘비련’이라는 노래를 듣더니 입원 8년 만에 처음으로 감정을 보이며 눈물을 흘렸다. 조용필이 직접 요양병원으로 찾아와서 소녀에게 노래를 불러줄 수 없겠는가? 소녀의 보호자가 간절히 원하고 있다.”는 사연을 전해들은 조용필은 그날 예정된 네 개의 행사를 취소한 다음 적잖은 위약금을 물기로 하고, 요양병원으로 한걸음에 달려갔다. 병원에 도착한 그는 소녀의 손을 꼭 잡고, 즉석에서 노래 ‘비련’을 부르자 소녀는 감정의 변화를 보이더니 급기야 눈물을 주르르 흘렸다. 그 광경을 바라보던 소녀의 부모와 병원 관계자들도 눈시울을 적셨으며, 노래를 마친 조용필은 눈물로 범벅이 돼 흐느끼는 소녀를 꼭 안아주었다. 그리고 미리 준비해 간 음반에 사인을 해서 소녀에게 선물하고, 차에 타려고 하는데 소녀의 엄마가 다가오더니 “사례비는 얼마를 드려야 하느냐고” 물었다. 그 말에 조용필은 “오늘 따님이 흘린 눈물이 제가 평생 벌었고, 앞으로 벌게 될 돈보다 더 비쌉니다.”

가장 가치 있는 보상은 무엇인가? 평생직장, 평생고용의 개념이 사라진 지금 무엇으로 인재를 끌어들이고 내 보낼 것인가? 구성원들의 주인정신은 언제 발휘되는가? 조직의 목적과 자신들의 업무의 관점이 일치할 때이다. 의미 있고 목적 있는 업무를 부여하고, 그 일을 성공할 수 있도록 모든 자원과 정보를 제공하며 그들의 능력과 성취의욕을 신뢰하고 존경하며, 기다릴 줄 알고 마침내 바라던 성과를 올렸을 때 축하하고 보상을 받을 때다. 인간이 높은 이상을 실현코자 하는 탁월함에 대한 추구는 인간의 본성이다. 만약, 구성원들이 자기실현을 향한 개인적인 성장과 발전을 조직이 인정해줄 때 가장 가치 있는 보상이라 생각한다면, 분명한 사실은 구성원 각자 스스로 자기목적의 일에 몰입하며, 내적인 가치와 내적인 보상을 일치시키는데 누구의 판단을 기다릴 필요가 없다. 즉, 외부적 동기가 아니라 내적동기가 매우 충실함을 말해준다. 조직의 가치와 리더의 행동은 일치하고 있는가? 품질을 중요시하면서 비용에 더 신경을 쓰고 있지 않는가? 팀웍과 협업을 내세우며 치열한 경쟁을 부추기지는 않는가? 리스크와 창의도전을 중요시하면서 구성원들의 실수와 실패를 용인하지 않는다면 구성원들의 몰입과 자신감, 열정은 죽는다. 왜냐하면 조직의 가치와 인정과 보상이 일관성이 없기 때문이다.

최고의 인정은 왜 자기 스스로인가? 스스로의 인정과 칭찬은 자긍심과 자신감을 만들며, 이러한 습관은 더욱 실력을 향상시켜 깨어있는 인재로 거듭날 수 있다. 온마음의 충실함으로 연결의 의미를 아는 자는 자신의 행동에 몰입과 집중을 가져오고, 기회와 기술의 균형을 찾고 도전적 목표로 나아가며, 상호작용으로 인한 다양성과 융통성으로 수정의 피드백이 가능하다. 왜냐하면 스스로 통제가능하기 때문이다. 이것이 삶의 의미로 나아가며 진정 즐기며, 항상 해낼 수 있다는 믿음을 가지고 있기 때문에 어떠한 어려움이 있어도 극복하며 혁신적인 기술을 생각해 낸다. 반대로 인정받지 못하면 도전을 거부하고, 지시와 명령을 기다리며 소극적인 삶을 살지도 모르지만, 결코 인정받지 못했다고, 칭찬받지 못했다고 스스로 경멸하거나 무시해서는 안 된다. 당신 조직은 인정과 보상에 대한 명확한 기준이 있는가? 보상을 받을 경우 무엇 때문에 받았는지? 내 행동과 결과물이 조직의 목표에 어느 정도 기여했는지, 조직도 무엇이 구성원들을 움직이는지가 무엇보다 중요할 것이다. 무엇이 가장 강력한 동인이 되는가는 구성원마다 상황마다 다르기 때문에 조직은 그들의 욕구 유형에 따라 인정과 보상방법이 무엇인지, 실제 적용도 달라야 한다. 그러나 좋은 조직에 우수한 인재가 일하는 것만으로도 보상을 받는다는 생각을 어떻게 심어줄 것인가? 이것은 가장 좋은 동기부여방법이지만 구성원이 깨어야 한다.

성과와 연계한 보상은 필요한가? 이윤분배제도는 사람들이 회사의 비용과 이익에 더 많은 관심을 집중할 수 있다. 이익의 일정비율을 보너스로 받을 수 있으며 보상을 가변적인 것으로 만들어서 구성원들을 해고 하지 않고서도 조직의 인건비를 조절할 수 있는 여지를 제공해 준다. 기술취득에 따른 보상지급제도는 구성원들이 조직 내 다른 직무와 관련 기술들을 배우도록 장려하고, 유도함으로써 새로운 목표에 도전할 수 있는 동기를 준다. 또 집단성과제도는 무엇보다도 특정한 한 단위조직의 점진적인 성과개선에 기초해 구성원들의 성과급이 결정된다. 그러므로 성과에 연계된 보상제도의 실시는 구성원들이 더 많은 노력을 기울이도록 동기부여를 준다. 형평성과 공정성은 왜 중요한가? 만약, 어떤 조직이 구성원들의 힘을 활용해서 큰 수익을 올렸다면 그러한 수익 모두가 특정인에게만 돌아갈 것이 아니라, 수익의 일정정도는 수익을 낸 구성원들에게 직접 돌아가야 마땅하다. 왜냐하면 구성원들이 많은 노력을 기울이고, 능력을 발휘하여 좋은 성과를 냈음에도 불구하고, 아무런 보상을 받지 못한다면 도전과 열정은 사라지고, 이직률은 높아지며, 이는 창조적 인재가 조직을 떠남을 말한다. 때론 높은 보수는 자부심과 책임감을 통해서 훌륭한 고객만족으로 이어질 수 있고, 결국 낮은 이직률은 조직의 안정적 성과를 촉진시키는 매개 역할을 한다.

당신 조직의 생산성은 어느 정도인가? 성과창출이다. 조직의 시스템과 프로세스에서 산출대비 투입상황 즉, 생산성을 살펴보면 분명하다. 먼저, 어느 정도의 자산을 투입해서 얼마만큼의 매출액을 올렸는지 즉, 투하자산회전율을 살펴보고, 이것이 1이상 나와야 보상이 가능하다. 1보다 작은 현상이 지속된다면 어떻게 될까? 이 조직은 지속가능할 수 없다. 안전한 투자일수록 낮은 이익률을 예상하듯 도전적모험이 없으면 이익도 없고, 위험 없이 새로운 것을 경험할 수는 없다. 투자란 리스크를 부담하는 대가로 수익을 얻듯, 일하지 않고 성과와 보상을 바라는 것처럼 불가능한 일도 없다. 또한 매출을 올렸다면 어느 정도의 이익이 나왔는지 영업이익 대비 매출액을 살펴보아야 한다. 즉 매출액영업이익률이 적어도 동종 산업의 평균이상은 나와야 보상이 가능하다. 만약에 산업평균보다 작거나, 이러한 현상이 지속된다면 어떻게 될 것인가? 이 조직은 지속가능할 수 없다. 그리고 이익이 발생했으면 영업이익 대비 지급이자를 살펴보아야 한다. 즉, 이자보상비율은 1이상 나와야 보상이 가능하다. 만약 1보다 작은 현상이 지속된다면 어떻게 될까? 이 조직은 지속가능할 수 없다. 결국, 생산성이 없다면 궁극적으로 성과에 대한 보상이 곤란할 수밖에 없다.

고(高) 성과는 어떻게 하면 가능할까? 당신 조직은 인적자원관리를 어떻게 하고 있는가? 존재이유와 지켜야 할 핵심가치는 무엇인가? 제프리 페퍼는 "많은 기업들이 자기들은 인적자원을 무엇보다 중요시하며 따라서 그들의 목표는 해당산업 내에서 최고수준의 인력을 확보하는 것이라 떠벌리면서도, 다른 한편으로는 다른 기업들과 비교할 때 사원들에게 조금이라도 더 낮은 보수를 주기를 희망하고 있는데, 조금만 생각해보면 이것은 도무지 앞뒤가 맞지 않는 이야기라는 것을 금방 알 수 있다. 일반적으로 기업이 자사의 사원들에게 지급하는 보수수준은 그 회사가 인력을 얼마나 가치 있게 생각하고 있는지를 알려주는 일종의 메시지 역할을 하게 된다. 결국, 현재 많은 조직들이 실제로는 전혀 그렇게 행동하지 않으면서도 그저 말로만 인적자원이 자기들의 가장 소중한 자산이라고 주장하고 있는 셈이다." 고 주장했다. 고(高) 성과는 어떻게 하면 가능할 것인가? 고 성과는 사람을 최우선시 한다. 사람은 조직이 추구하는 존재이유와 지켜야 할 핵심가치이다. 목표인 비전은 사람의 기술로 달성된다. 조직은 이것을 공개적으로 반복적으로 천명해서 최고수준의 인재를 유인, 보유하고 잠재력을 최대한 발현시켜 지속적인 경쟁우위를 만들어 가는 것이다.

장기적 차원에서 최상의 보상은 무엇일까? 과연 최고의 금전적 보상이 최상의 보상인가? 구성원들에게 적절한 임금을 주고 그들이 긴장하고, 지쳐 쓰러지지 않을 정도로 업무가 수행되며 끊임없이 정보가 주어지고, 교육훈련을 시킨다면 조직이 가고자 하는 곳에 도달할 수 있을까? 당신은 인간존중경영이 무엇이라고 생각하는가? 성과가 먼저인가 사람이 먼저인가? 보상이 먼저인가 인정이 먼저인가? 권위를 없애고 칭호를 바꾸고, 구성원들의 자율을 존중하고, 인정하며 그들이 창출한 단기적 실적에 공평하고, 공정하게 보상하는 책임 있는 경영이 중요할 수 있다. 그러나 조직이 구성원들에게 줄 수 있는 장기적인 차원에서 최상의 보상은 무엇일까? 미래에 대한 불안감과 불확실은 무엇일까? 승진 및 다양한 보수를 통한 외부적 보상은 늘 일시적일뿐이다. 구성원들의 업무의 중요성에 대해 의사소통하고, 보다 큰 차원에서 일의 중요성을 인식시켜 나가더라도 고용보장은 언제나 중대한 문제로 남는다. 나가 자신들의 인생의 비전과 목표를 개발할 수 있도록 도움을 주면서 필요하다면 과감하게 진로를 바꾸고, 능력을 확장할 수 있는 학습의 기회도 장기적인 보상이다. 결국 깨어있는 구성원, 깨어있는 경영진, 깨어있는 조직이 무엇보다 중요하다.

구성원들의 영혼을 보호하고 있는가? 헤럴드 제닌은 "경영자는 직원들에게 자기도 그들 못지않게 열심히 뛰고 있으며 최고수장으로서의 자기역할을 잘 감당하고 있고, 그들을 벼랑 끝으로 몰고가 그들의 생계를 위험하게 하지는 않을 것이며 틀림없이 그들에게 공정하게 보상하고, 그들의 일에 따르는 보상은 물론 위험도 함께 할 의지가 있음을 증명해야 한다."고 했다. 2008년 11월, 인도 TATA그룹의 자회사인 타지마할 팰리스 호텔에서 태러사건이 일어났다. 투숙객 1,500명을 대피시키는 과정에서 태러범들에 의해 직원 11명이 사망했다. 회사는 사고로 숨진 유가족에게 10~20만$에 이르는 보상금과 함께 평생지낼 주거지 제공, 액수에 관계없이 모든 부채탕감, 직원사망 시점부터 은퇴시점 까지 임금을 계산하여 전액지급, 자녀와 부양가족 학비전액지원, 평생의료비 전액지원 등의 내용을 인사담당임원이 그룹회장인 라탄타타 회장에게 보고했을 때, "그 정도면 충분한가? 우리가 더할 수 있는 일은 무엇인가?"라고 물었다. 사건 후, 어느 팀원은 "타지마할 호텔의 직원들은 가족이 공격받는다고 느꼈습니다. 타타그룹 문화에는 우리가 진심으로 믿는 가족이란 가치가 녹아 있습니다. 타타그룹은 조직에 영혼이 있음을 진심으로 보여줍니다. 저는 타타에서 일하는 것이 무척 자랑스럽습니다." 지금 당신은 성과창출에 대해 어떠한 보상을 받고 있습니까?

〈그림14〉 깨어 있는 성찰경영

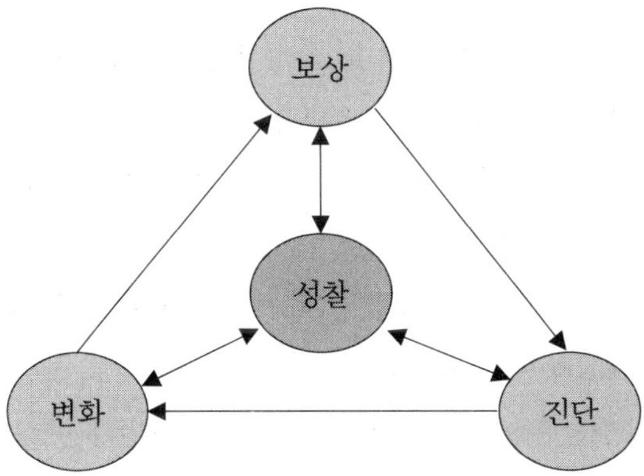

【보상 영성지수 진단】

다음은 우리조직과 나의 "깨어있는 보상 영성지수(Lamp Spirituality Quotient For Reward)"를 진단하는 체크리스트입니다. 점수는 각 번호 당 10점입니다.

1. 기업이 표방하는 가치에 부합하는 행동과 결과물에 일관된 보상을 해주고 있습니까?
2. 인정과 보상기준에 관해 구성원들의 의견을 구하고 있습니까?
3. 인정과 보상시 모든 구성원으로부터 축하받고 있습니까?

4. 구성원들은 과제수행 진척의 어려움이 있을 때 도움을 받고 있습니까?
5. 지난 3년 동안 변동급여는 최소 평균 수준이었습니까?
6. 피드백시 인정 및 칭찬하고 있는 행동과 결과물에 대해 구체적으로 밝히고 있습니까?
7. 바람직한 경쟁을 위해 구성원들에게 도전의식, 자신감, 자부심을 부여하고 있습니까?
8. 종합적인 인정 및 보상 프로그램을 제공하기 위해 노력하고 있습니까?
9. 금전적 보상을 제공할 때 최고실적과 평균 실적의 직원을 확실하게 구별합니까?
10. 구성원들의 욕구를 충족시키는 인정과 보상을 제공하고 있습니까?
11. 실적이 높은 구성원들에게 새로운 도전과제와 혁신기회를 보상으로 주고 있습니까?
12. 실적이 낮은 구성원들의 행동과 결과물의 사소한 발전에 인정을 해주고 있습니까?

우리조직과 나의 "깨어있는 보상 영성지수"는 Total 몇 점입니까?

조직 ; 점

나 ; 점

측정점수가 나왔습니까? 당신과 조직의 영성지수의 수준을 알 수 있습니다. 점수의 해석은 다음과 같이 해석하시고 결과에 따라 신중하고 정확한 대응방법을 생각하십시오.

* 120~100점 영성경영 3.0, 경영이념 3.0입니다. '훌륭합니다.'만 유지가 필요합니다.
* 99~60점 영성경영 2.0, 경영이념 2.0입니다. '좋습니다.'만 변화가 필요합니다.
* 59~0점 영성경영 1.0, 경영이념 1.0입니다. '절망적입니다.'만 혁신이 필요합니다.

만약, 당신과 당신의 조직점수가 절망적이라면 희망과 용기를 가지고, 액션과 코칭, 그리고 성과를 신중히 검토하십시오. 없다면 새롭게 디자인 하십시오. 혹시, 맨토가 있으십니까? 그렇다면 걱정하지 마시고 의논을 하십시오.

제14장

진단(Diagnosis)

진단은 변화와 혁신을 위한 중요한 수단이다.
무엇이 경영성과에 긍정적 영향을 주는지 즉, 유지해야
하는가. 폐기 해야 하는가. 새로운 무엇인가가
필요한가를 신중히 판단하는 것이다.

당신은 미션과 비전에 얼마만큼 도달했습니까?

일찍이 프리드리히 니체는 “모든 것이 가고, 모든 것이 되돌아온다. 존재의 수레바퀴는 영원히 회전하는 것이다. 모든 것이 죽고, 모든 것이 새롭게 태어난다. 존재의 세월은 영원히 계속되는 것이다. 모든 것이 파괴되고, 또 새롭게 결합된다. 똑같은 존재의 집이 영원히 재건되는 것이다. 모든 것이 헤어지고, 모든 것이 다시 만난다. 존재의 수레바퀴는 영원히 자신에게 충실하다. 존재는 매순간마다 시작된다. 저곳이라는 공은 모든 이곳의 주위를 회전하는 것이다. 중심은 모든 곳에 있다. 영원의 길은 곡선이다.” 생과 사는 둘이 아니며 늘 새롭게 태어나야 한다. 직선이 아닌 곡선은 혼란이며 순환이다. 모두가 중심이고, 영원이며 진리다. 칸트는 인간은 목적을 위한 수단이 아니라 자체가 목적이라고 했다. 인간의 삶은 도덕적인 힘에 의해 형성되고, 이런 힘은 인간 내부에 있다. 그는 우리의 진정한 존재를 이해하는 이는 인간의 영혼 안에 있는 신(神)이지 과학적인 우주의 설계자로서의 신은 아니라고 했다. “어떻게 그걸 압니까?” 누군가가 묻자 “내안의 도덕적인 힘 덕분이지요.” 존재는 목적이요 믿음이다. 존재가 없으면 태어나야 할, 살아야 할, 변화해야 할 이유도 없지 않은가? 그러므로 우리는 영혼을 가진 존재로써 조직의 효율성만을 쫓다가 영혼을 잃는 우를 범하지 말자. 지금 당신은 미션과 비전에 얼마만큼 도달했습니까?

인생과 경영은 왜, 직선이 아닌 에스커브(S-Curve)일까? 찰스 핸디는 “나는 기업이 어떻게 성장하고, 결국에는 쇠락하게 되는가를 설명하는 시그모이드(Sigmoid), 즉 'S'자 모양 곡선 이론을 내 놓았다. 기업의 성쇠를 설명하는 이 곡선이 우리 인생에도 똑같이 적용된다. 아래곡선 그림에서 첫 번째 만곡부분이 아래로 향하는 것은 모든 일이 처음에는 산출보다 투입이 많음을 보여준다. 나라, 조직, 상품 어떤 것이든 마찬가지이다. 기업으로 보면 이 시기의 투입은 신사업에 필요한 투자가 될 것이고, 사람으로 보면 교육과정이 될 것이다. 저점을 지난 곡선은 위로 향하기 시작한다. 모든 것이 잘 돌아가는 시기다. 회사로 치면 생산이 증가하고, 회사규모가 커지고 성공이 눈앞에 와 있다. 하지만 초기 승승장구하던 조직도 일정 시점이 되면 필연적으로 주춤하게 되어 있다. 경쟁자들이 더 좋거나 싼 물품을 공급하면서 따라오기 때문이다. 이쯤 되면 곡선은 정점을 지나 하향하기 시작한다. 대다수 기업은 이 시기에 와서야 필사적으로 대안을 고민하기 시작한다. 당연히 너무 늦은 경우가 너무 많다."고 주장했다. 즉, 항상 성공에 안주하면 위험하다. 소를 잃기 전에는 절대로 외양간을 고치지 않는 사람들의 습관 때문에 변화를 모색하기는 어렵다. 왜냐하면 삶이나 일이 너무 편안하고, 마음대로 되기 때문에 우리는 괜찮을 거라고 자만하고 방심한다.

당신은 평정심(平靜心)을 유지하고 있는가? 인체와 조직의 건강진단으로부터 나온 판단을 보자. 인체의 동맥경화증은 매출채권의 누적과 과다한 재고이며, 인체의 고혈압은 경쟁의 치열함이고, 인체의 당뇨는 업체들의 과당경쟁으로 인한 저가격의 출혈판매와 같다. 인체의 신경질환은 의사소통의 왜곡이며, 인체의 뇌졸중은 유동성의 악화이다. 인체의 치명적인 암은 계속적인 적자의 누적이고, 결국 조직의 몰락과 도산이다. 실제로 매출이 점점 감소하고,

가동률이 감소하며 순 이익률도 감소하여 금융비용 부담이 증가한다. 차입금이 점점 증가하여 변제가 어려워지고, 지급어음과 외상매입금 지급을 연장하거나 한 번에 몰아서 지급한다. 원천세와 보험료 지급이 늦어지고, 점점 구성원들의 임금지급도 늦거나 어려워지므로 조직의 사기와 분위기는 침체 되고, 인재들이 조직을 떠난다. 결국, 생산성은 음식의 섭취와 소화력으로 구성원으로부터 오며, 수익성은 영양 상태이며 영양의 흡수력으로 고객으로부터 온다. 유동성은 영양 또는 혈액의 양인 기동성으로 주주로부터 오며, 성장성은 근육과 골격의 신축률인 추진력으로 시장으로부터 나온다. 활동성은 신체기관의 작동상태인 활동력으로 제품과 서비스로부터 오며, 안정성은 신체와 마음의 균형인 평형성, 즉 평정심은 몸(조직)과 마음(사회)로부터 나오지만, 이 모두는 신중함과 정의로움에서 나와야 한다.

지나친 영양의 과잉상태는 문제가 무엇일까? 인간의 장(五臟)기는 둘이 아닌 하나다. 하나가 무너지면 모두 무너진다. 유기체이기 때문이다. 그러므로 종합적 장기적 관점에서 건강상태를 진단하여 이상 징후나 결함을 발견하여 변화와 혁신이 필요하다. 궁극적으로 조직은 구성원의 능력과 고객가치를 높여 수익성을 가져와 조직의 지속적인 생존과 발전에 있다. 따라서 사람이 일정 기간 내에 분야별 전문 의사를 통해서 건강진단을 받듯이, 조직도 일정한 시기에 분야별 전문가를 통해 진단이 필요하다. 즉 유기체적인 인체나 경영 활동이 전체와 각 부분의 상호조정이 잘 되는지? 약한 부분은 어디이고, 나타난 결함은 무엇인지? 이러한 질병의 증세인 징후를 본인이나 조직이 알고 있는 경우 이를 자각증상이라고 하며 자각증상이 없는 경우도 많다고 한다. 증상은 사전예방을 위해 개선과 수술이 필요하다. 사람이 지나친 영양의 과잉상태가 되면 체중이 증가해 다리와 팔은 가늘고, 배는 유난히 나온다. 만약 지속되면, 내장형비만과 복부비만으로 인술린혈증, 고혈압, 당뇨병, 이상지혈증 등을 불러온다. 결국 복합적으로 작용해 동맥경화증을 일으키며, 관상동맥질환(협심증심근경색증)과 뇌혈관질환(중풍)같은 무서운 합병증(대사성증후군)을 초래한다.

인간의 불행과 혼란은 어디서 오는가? 아담 스미스는 "인간 생활의 불행과 혼란의 최대 원천은 하나의 영속적 상황과 다른 영속적 상황과의 차이를 과대평가하는 것으로부터 생기는 것으로 보인다. 탐욕(貪慾)은 가난과 부유함 사이의 차이를 과대평가하고, 야심(野心)은 개인적 지위와 공적지위의 차이를 과대평가하고, 허영(虛榮)은 무명(無名)의 상태와 유명(有名)의 상태의 차이를 과대평가한다. 이러한 종류의 사치스런 격정의 영향 하에 있는 사람은 그 자신이 처해 있는 실제 환경에서 불행하고, 고통스러울 뿐 아니라 흔히 그가 어리석게도 감탄하는 처지에 도달하기 위해서 사회의 안정을 교란시키는 경향이 있다." 그러나 "교양 있는 사람은 마찬가지로 평온하고, 마찬가지로 기뻐하고, 마찬가지로 만족할 수 있다는 사실을 알 수 있다. 물론 그러한 통상의 여러 가지 상황들 중에서 어떤 상황은 다른 상황보다 더욱 바람직한 것임에 틀림없지만, 그러나 그것들 중 어떤 것도 신중(愼重) 또는 정의(正義)의 법칙들을 위반해 가면서까지 격정적인 열의를 가지고, 추구할 만한 가치가 있는 것은 아니며 또는 후에 가서 자신의 어리석은 행동을 회상할 때 느끼게 되는 수치심과 자신의 부정한 행위에 대한 두려움에서 오는 회한(悔恨)으로 마음의 장래의 평정까지 파괴해 가면서까지 추구할 만한 가치가 있는 것은 아니다." 과대평가와 지나친 경쟁을 조장하지말자.

당신은 진실을 말하고, 동감(同感)을 얻고 있는가? 어느 정도 떨어진 곡선에서 다시 올라가려면 치열한 노력이 필요하다. 자원도 고갈되고, 에너지도 떨어지고, 신용은 바닥이다. 이런 상황에서 애써 필요한 자원을 투입해보지만 전성기의 능력을 회복하기 힘들며 결국, 어떤 구성원들은 정리해고로, 어떤 조직은 구조조정 된다. 적시안타와 홈런을 때려 줄 새로운 카리스마와 리더십을 가진 인물을 동원해 변화를 모색하지만 현재의 성공상태를 계속 유지하려는 관념과 편견에 막혀 현실적으로 무시된다. 중요한 것은 떨어지기 전에 준비해야 한다. 새로운 이슈와 새로운 의문과 가능성을 제기하고, 가능한 대안으로 실험하며, 최종적으로 실험결과를 재검토해야 한다. 지금까지의 길이 유일한 길이 아님을 알고, 새로운 도전과 책임을 맡는 이들에게 용기와 격려가 필요하다. 지금부터 다른 사람이, 다른 생각, 다른 자세, 다른 태도, 다른 모습으로의 과감한 모험이 필요하다. 새로운 전략, 새로운 상품, 새로운 운영방식, 새로운 문화로 과거의 익숙한 것들과 결별해야 한다. 고정관념과 편견에 과감히 싸워야 한다. 리더는 솔직히 말해야 한다. 현 조직이 성공적이었으며 지금이 가장 전성기라는 사실을, 또한 우리가 이와 같은 전성기를 유지하려면 지금의 업무방식으로는 안되기 때문에 근본적으로 변화해야 한다는 진실을 알려 모두에게 동감을 이끌어내야 한다.

좋은 경영은 무엇일까? 당신은 모든 것을 알지 못한다는 사실을 인정하고, 도움을 요청하는가? 제프리 페퍼는 "큰 조직에서 정보를 거르는 필터 역할을 하는 상하 위계의 층 사이에서 그리고 오직 좋은 소식만 위로 전하려는 혹은 위로 올라가는 정보에 좋은 색깔을 입히려는 경향 때문에 대부분의 CEO들은 조직 내에서 어떤 일이 실행되고 있는지 알지 못하게 된다. 사실을 제대로 알지 못하면 효율적인 경영은 본질적으로 불가능하다."고 했다. 대체로 구성원들은 자신의 리더가 듣고 싶어 하는 뉴스를 전하려고 한다. 그러나 당신은 우선 문제가 있다는 사실을 알고 있는가? 실제로 무슨 일이 진행되고 있는지 알고 있는가? 당신은 모든 것을 알지 못한다는 사실을 인정하는가? 조직의 실수를 솔직하게 인정하고 사과하는가? 진실을 말해도 그것을 편안히 받아 주는 구성원들이 있는가? 최선을 다해서 진실을 말하려고 노력하는가? 언제든 상황에 따라 말을 바꾸지는 않는가? 구성원들이 문제를 찾고, 진실을 말하며 해결책을 제시하는가? 또한 그들이 중심에 서 있는가? 당신은 지금도 모로 가도 서울만 가면 된다고 생각하는가? 실수를 솔직히 인정하는 것은 진실을 말하는 분위기를 만든다. 당신의 의견에 동감하지 않는 사람, 기분 좋지 않은 말을 하는 사람을 생각해야 할 때다. 좋은 경영은 진실을 말하고, 도움을 청하며, 학습하기를 요구한다.

좋은 성공이란 무엇일까? 투자한 회사의 CEO에게 "여러분은 돈을 잃어도 상관없습니다. 많은 돈이어도 괜찮습니다. 하지만 평판을 잃지 마십시오. 인격을 잃지는 마십시오. 우리에겐 돈을 잃을 여유는 충분히 있으나, 평판을 잃을 여유는 조금도 없습니다."고 말하는, 2014년 점심경매의 낙찰가가 약 217만 달러(22억 1천800만원)인 워렌 버핏은 네브라스카 대학에서 한 학생의 질문 "당신의 인생에 있어서 성공의 정의는 무엇이냐?", "저는 성공이라는 측면에서 이렇게 말하겠습니다. 이 말은 여러분을 놀라게 하겠지만 말이죠. 저는 제 나이가 되어서 자신을 사랑해주는 많은 사람들을 가진 이들을 알지 못합니다. 사랑해주는 사람들이 거의 없는 것은 성공이라 할 수 없죠. 만약 여러분이 성공적인 삶을 살았다면, 여러분이 늙더라도 여러분 주변의 사람들, 즉 여러분의 가족, 사업상의 동료들 등 모든 사람들이 여러분의 하는 일을 사랑해 줄 겁니다. 그리고 이와는 반대로 놀라울 정도로 부유하고 자기 이름을 딴 학교까지 세웠으며 자신의 이름으로 저녁 만찬도 여는 제가 아는 사람들의 진실은 아무도 그들을 사랑해주지 않는다는 겁니다. 나는 그 사람들이 알고 있기를 바랍니다. 그들의 인생에서 그 나이가 되면 모든 것들이 얼마나 공허해지는 지를요. 그들은 많은 업적을 남겼고, 포브스의 400대 부자에도 드는 사람들이죠. 아. 저는 그들이 누구라고 말은 안하겠어요. 지금 이 시기에 제 인생에서 그런 사람들이 많이 있는데 말이죠. 저는 아주 평범한 직업을 가진 성공한 사람들을 봤습니다. 모든 종류의 상황에서 그들 주변 사람들이 그들을 사랑하는 경우에 그들은 매우 성공했다고 느낍니다."

당신은 옳은 일을 행동하고, 사랑을 베풀었는가? 단테는 연옥문(煉獄門)을 열 때 무릎을 꿇고, 경건한 자세로 기도를 하면서 진실로 참회하는 자의 표식인 "내 탓입니다. 내 탓입니다. 내 큰 탓 때문입니다."을 읊으면서 가슴을 세 번 두들겼다. 연옥에서 네 번째 언덕이 있는 곳으로 가다가 마르코를 만나 "지금 살아있는 자들의 세상에서는 당신이 소중하게 생각했던 덕이 어디론가 가버리고, 단지 악한 일들만이 무성하고 있으니 어찌된 셈인지 모르겠습니다. 이것은 도대체 무슨 연유로 그런 건지 그 원인이 하늘에 있는 것인지 아니면 땅에 있는 것입니까?", "당신이 아직까지 살고 있는 세상은 진실을 보지 못하는 장님들의 집단이라 해도 무리가 아니지요. 세상 사람들은 좋은 일이나 나쁜 일이나 모두 하늘의 탓으로 돌리고 있지만, 만약 그렇다면 인간에게는 자유로운 판단력이 없다는 말이겠지요. 그러다 보면 좋은 일에 기뻐하고, 악한 일을 미워하는 정의도 없어질 테고, 그렇다면 선과 악을 구별하는 자유의지가 인간에게 주어져 있다고 해도 무슨 소용이 있겠습니까? 세상이 잘못되어 가는 탓은 오로지 인간 자신에게 있는 것이랍니다." 네 번째 언덕은 생전에 옳은 일인 줄 인식하면서도 자진해서 행동으로 옮기지 않았던 게으른 자들과 남에게 사랑 베풀기를 게을리 했던 자들에게 진정한 욕구를 지니도록 격려하는 곳이다.

일찍이 자사(子思)는 "천(天)이 명(命)하는 것 그것을 일컬어 성(性)이라 하고, 성을 따르는 것 그것을 일컬어 도(道)라 하고, 도를 닦는 것 그것을 일컬어 교(教)라고 한다. 도라는 것은 잠시라도 떠날 수 없는 것이다. 도가 만약 떠날 수 있는 것이라면 그것은 도가 아니다. 그러므로 군자(君子)는 보이지 않는데서 계신(戒愼)하고, 들리지 않는데서 공구(恐懼)한다. 숨은(隱) 것처럼 드러나는 것이 없으며 미세(微)한 것처럼 잘 나타나는 것이 없다. 그러므로 군자는 그 홀로(獨) 있음을 삼가(愼)는 것이다. 희노애락(喜怒哀樂)이 아직 발현되지 않은 상태를 중(中)이라 하고, 그것이 발현되어 상황의 절(節)도에 들어맞는 것을 화(和)라고 한다. 중(中)이라는 것은 천하(天下)의 근본(根本)이요. 화(和)라는 것은 천하 사람들이 달(達)성해야만 할 길(道)이다. 중과 화를 지극한 경지까지 밀고 나가면 천(天)과 지(地)가 바르게 자리를 잡을 수 있고, 그 사이에 있는 만물(萬物)이 잘 자라나게 된다." 미발(未發)은 치우

침이 없고, 분별심이 없는 인간의 성(性)이자 기(氣)인 감정(喜怒哀懼愛惡欲)의 평형과 균형이며, 발현이란 인간이 그 상황에서 가장 적절한 감정의 표현이다. 부조화의 현실을 통찰하고, 완벽한 조화로 지향해야 함을 말하고 있다. 즉, 천지와의 조화는 인간이 끊임없는 수신(修身)을 통해 절제하고, 발현함으로써 인간의 완성을 향한 끊임없는 과정이다. 지금 당신은 미션과 비전에 얼마만큼 도달했습니까?

【진단 영성지수 진단】

다음은 우리조직과 나의 "깨어있는 진단 영성지수(Lamp Spirituality Quotient For Diagnosis)"를 진단하는 체크리스트입니다. 점수는 각 번호 당 10점입니다.

1. 미션은 경영성과에 긍정적인 영향을 미치고 있습니까?
2. 가치는 경경성과에 긍정적인 영향을 미치고 있습니까?
3. 비전은 경영성과에 긍정적인 영향을 미치고 있습니까?
4. 목표는 경영성과에 긍정적인 영향을 미치고 있습니까?
5. 전략은 경영성과에 긍정적인 영향을 미치고 있습니까?
6. 계획은 경영성과에 긍정적인 영향을 미치고 있습니까?
7. 조직은 경영성과에 긍정적인 영향을 미치고 있습니까?
8. 프로세스는 경영성과에 긍정적인 영향을 미치고 있습니까?
9. 인재는 경영성과에 긍정적인 영향을 미치고 있습니까?
10. 액션은 경영성과에 긍정적인 영향을 미치고 있습니까?
11. 코칭은 경영성과에 긍정적인 영향을 미치고 있습니까?
12. 성과는 경영성과에 긍정적인 영향을 미치고 있습니까?

13. 보상은 경영성과에 긍정적인 영향을 미치고 있습니까?

우리조직과 나의 "깨어있는 진단 영성지수"는 Total 몇 점입니까?

조직 ; 점

나 ; 점

측정점수가 나왔습니까? 당신과 조직의 영성지수의 수준을 알 수 있습니다. 점수의 해석은 다음과 같이 해석하시고 결과에 따라 신중하고 정확한 대응방법을 생각하십시오.

* 120~100점 영성경영 3.0, 경영이념 3.0입니다. '훌륭합니다.'만 유지가 필요합니다.
* 99~60점 영성경영 2.0, 경영이념 2.0입니다. '좋습니다.'만 변화가 필요합니다.
* 59~0점 영성경영 1.0, 경영이념 1.0입니다. '절망적입니다.'만 혁신이 필요합니다.

만약, 당신과 당신의 조직점수가 절망적이라면 희망과 용기를 가지고, 영성과 역량경영, 그리고 관계와 평가경영을 신중히 검토하십시오. 없다면 새롭게 디자인 하십시오. 혹시, 맨토가 있으십니까? 그렇다면 걱정하지 마시고 의논을 하십시오.

제15장

변화(Change)

변화는 진단과 관찰로부터 온다. 즉, 변화를
야기하면 리더가 되고, 변화를 받아들이면 생존자가 되지만,
변화를 거부하면 죽음이 기다릴 뿐이다.

당신은 비전과 목표를 위해 익숙한 것과 이별할 수 있습니까?

일찍이 헤겔은 “씨앗이 땅에 떨어지면 씨앗은 씨앗이라는 자기 존재를 부정하고, 새싹을 내며 꽃을 피운다. 그러나 때가 되면 꽃은 꽃이라는 자신의 존재를 부정함으로써 열매를 맺게 된다.” 만물(萬物)변화란 무상(無常)이요 자기부정이다. 나는 없으며, 비우고 내려놓는 완전한 무아(無我)다. 짐 콜린스는 기업의 몰락은 “1단계가 성공으로부터 자만심이 생겨나는 단계로, 성공을 당연한 것으로 간주해 거만해지고, 진정한 성공의 근본요인을 잊을 때, 2단계는 원칙 없이 더 많은 욕심을 내는 단계로, 기업이 핵심자리를 적절한 인재로 채울 수 있는 능력을 잃은 채 성장을 추구할 때, 3단계는 위험과 위기가능성을 부정하는 단계로, 권력을 쥔 사람들이 과다한 위험으로 인한 결과를 부정할 때, 4단계는 구원을 찾아 헤매는 단계로, 비전과 카리스마 있는 구원투수를 찾으며 사태를 한방에 해결할 극약처방을 쓸 때, 5단계는 생명이 끝나는 단계로 경영진이 퇴출된다.”고 했다. 왜 성공했는지 모르고, 지나친 욕망을 부리며 위험을 묵살하고, 부정을 합리화 했을 때 몰락은 어김없이 찾아온다. 성공할수록 반대 목소리가 무엇인지 듣고 있는가? 당신은 등산을 좋아하는가? 힘들고 어렵게 마침내 정상에 도달했을 때 얼마나 머물렀는가? 인생과 경영은 오르막길과 내리막길이 있다. 어쩌다 위에 올라갔다고 우쭐댈 필요도 없고, 또 아래에 있다 해서 자포자기 할일도 아니다. 지금 당신은 비전과 목표를 위해 익숙한 것과 결별할 수 있습니까?

새로운 도전과 변화는 왜 필요한가? 구성원들은 자신의 노력과 조직으로부터 얻는 것 사이에 균형을 잃으면 공감하지 않으며 더 이상 감정적 헌신은 하기 어렵다. 그리고 경영자의 일반적 생각과는 달리 금전적 보상이 유일하거나 가장 중요한 보상은 아니다. 오히려 도전적인 일이나 동료나 상사로부터 칭찬과 존중이 더 중요할 수 있다. 즉 재미있고 도전적인 일, 내가 열정을 가질 수 있는 일, 업무과정에서 나의 주장이 반영될 수 있는 일, 주도권을 가지고 성취감을 느낄 수 있는 일, 휴식과 재충전을 통한 자신의 일에 몰입은 생산성의 원천이 되며 구성원들은 큰 동기부여를 느낄 수 있다. 따라서 구성원들이 진정으로 원하는 것이 무엇인지? 늘 고민하는 리더야말로 그들의 온전한 감정적 헌신을 이끌어 낼 수 있다. 이것은 우리가 목표를 설정하고, 이를 달성하기 위한 활동을 할 때 주어지는 피드백을 정확히 인지하며 과정에 대한 내면의 기준을 가지고, 행동자체를 즐길 수 있게 한다. 그러나 어느 누구도 같은 수준에서 같은 일을 장기간 할 때 즐거움은 점점 줄어들고, 즉 싫증을 느끼거나 좌절하게 된다. 다시 즐거움을 찾고 싶은 욕망으로 리더십과 모험이 필요하다. 기술을 향상시키거나 그 기술을 사용할 새로운 기회, 즉 도전적인 목표를 세워야 한다.

누가 어떻게 변화를 주도해왔는가? 피터 드러커는 경영혁신을 "기업가 특유의 도구로서 경영자가 환경변화를 사업이나 서비스의 변화로 이용하기 위한 수단이다."고 주장했다. 역사적으로 조직들이 무엇을 중요하게 생각하며 주요한 변화를 어떻게 추진했는지 요약해보자. 1900~60년대에는 과학적 관리방식과 도요타 생산방식을 통해 대량생산과 생산성을 올리는 효율향상을 중시했으며, 1970년대에는 전략사업단위와 제품포트폴리오매트릭스 등을 통하여 매출증대의 성장을 추구하는 시대였다. 1980년대에는 재무 리스트럭처링과 전사적 품질경영, 환경경영과 적시생산시스템 등으로 수익성 중시의 이익증대를 추구하는 시대였으며, 1990년대에는 벤치마킹과 시간기준경쟁, 조직다운사이징과 아웃소싱, 리엔지니어링과 사회공헌, 지식경영과 인재확보 등을 통해 장기적 경쟁력 향상을 중시했다. 2000년대에는 평판과 존경을 얻기 위해 좋은 기업과 위대한 기업을 지향하는 윤리경영과 투명경영, 기업가정신과 친환경기업, 기업의 사회적책임과 지속가능경영을 중시하고 있다. 이와 같이 약 100년간의 역사에서 조직의 변화와 혁신이 주는 시사점은 무엇인가? 추진주체로 보면, 슈퍼맨인 최고경영자의 생각과 컨설팅기관, 경영구루의 조언에 의해서 추진되었다고 해도 과언은 아닐 것이다. 그렇다면 앞으로 21세기는 누가 무엇으로 어떻게 이끌어야 할까?

조직의 몰락은 스스로 자멸할 때인가? 짐 콜린스의 위대한 기업 연구는 2001년 '좋은 기업을 넘어 위대한 기업으로' 이며, 몰락에 대한 연구는 2009년 '위대한 기업은 다 어디로 갔을까' 이다. 그런데 왜 기업의 몰락을 준비 했을까? 분명히 그는 성공한 기업들이 너무 빨리 무너져 내리는 것을 보고 깊은 충격을 받았을 것이 분명하다. 그러나 진리(眞理)는 성공과 실패, 행복과 불행 양극단을 모두 포함하고 있다. 즉, 성공 후 몰락은 예견돼 있으며, 역사 이래 정상의 기업들이 차례로 무너져 온 것은 사실이다. 과연 성공을 계속 유지할 수 있을까? 사전에 몰락은 감지할 수 있을까? 몰락은 피할 수 있을까? 몰락은 회복할 수 있을까? 자기 분야의 정상의 자리에 올랐을 때, 업계에서 최고의 자리에 있을 때, 바로 그 성공 때문에 이미 쇠퇴의 길로 들어서고 있다는 것을 그 누구도 잘 모른다. 당신의 조직은 지금까지 성공의 핵심이 리더였는가? 리더중심의 조직이 갖는 가장 큰 문제는 무엇인가? 구성원들은 참여의식과 책임감이 부족하고, 솔직한 자신의 의견을 주장하지 않으며 다양한 기술을 습득하려고 하지도 않는다. 무엇보다 문제가 생기면 그 문제를 해결할 시도 자체를 포기한다. 그렇다면 각자 리더십을 키우고, 리더로 가는 가장 좋은 방법은 무엇인가? 구성원들을 리더로 대하고, 그들에게 리더십의 책임을 갖게 하는 자발성이다.

훌륭한 음악은 어떻게 창조되는가? 뉴욕시의 오르페루스 실내악단의 관리이사인 로니 바우치는 "평상시 연습 때는 단원들이 자기주장을 내세우도록 합니다. 모든 단원들이 스스로 자기만의 색깔을 찾아야 한다고 믿기 때문이죠. 자신의 목소리가 가장 중요하다는 자신감을 심어주려는 겁니다. 단원들은 스스로 표현할 줄 알아야 하며 또한 자신의 아이디어가 거절당했을 때 어떻게 해야 하는지도 알아야 합니다."고 했다. 1972년 설립된 이 악단은 카라얀이나 주빈메타 같은 명지휘자의 카리스마로 지휘하는 곳이 아니다. 서로의 소리에 귀 기울이는 법과 서로에 대한 강한 믿음과 자신이 맡은 부분만이 아닌 작품전체에 대한 깊은 책임감을 발전시켜 왔다. 이것은 공동의 목적의식을 달성하기 위해 사용하는 과정이 음악과 조화를 이루어 음악자체를 아름답게 창조하고 있는 것이다. 구성원들은 무엇이든 직접 그것을 해보며 서로의 목소리에 귀를 기울인다. 그들은 더 많은 일을 할 뿐 아니라, 자신이 할 일을 자발적으로 한다. 그것은 내 일이 아니야 라고 말하지 않는다. 각자 책임감과 참여의식을 높이는 방법은 그들이 결정권을 갖는 동시에 책임을 지는 것이다. 진심으로 참여하기 때문에 자신의 재능과 기술, 에너지를 쏟아낸다. 스스로 더 많은 책임과 일을 하며 의사결정을 함께 나누는 과정에서 자신의 의견과 아이디어를 보다 효율적으로 표현하고, 다른 의견들에 어떻게 대응해야 하는지 소통하는 법을 배우며 리더로 거듭난다.

변화를 시도할 때 무엇이 가장 큰 걸림돌인가? 존 코터는 "조직혁신을 시도하려 할 때 우리가 범하는 가장 큰 실수는 동료 경영진이나 직원들에게 충분한 위기의식을 불어넣기도 전에 혁신을 시작해버리는 것이다. 이런 실수를 범하는 것은 매우 치명적인데 자만심과 무사안일이 팽배해 있는 조직에서 경영혁신의 목적을 달성하는 것은 거의 불가능하기 때문이다. 만일 여러분의 조직이 조직원에게 비전을 설명하여 5분 이내에 내용을 이해시키고, 흥미를 끌지 못한다면 아직 다음 단계로 넘어갈 때가 아님을 명심해야 한다."고 했다. 변화의 첫 단계는 위기의식과 새로운 비전의 전파와 공유, 그리고 속도다. 위기의식을 느끼지 못하면 변화하지 않으려고 저항하는 것이 인간의 속성이다. 그러나 현재 성공적인 결과에 취해 자기만족과 자만심을 부추 켜서 혁신을 방해하려는 힘은 아무리 작은 것이라도 절대 과소평가해서는 안 된다. 잭 웰치는 "나는 너무 빨리 행동에 옮긴 것을 유감스러워 한 적은 거의 없지만 충분히 신속하게 행동하지 못한 것에 대해서는 자주 유감스러워 했다. 나는 이 결정을 내리기 전에 나한테 6개월만 시간이 있었다면 좋겠다는 말을 해본 기억이 없다. 40년이 지나 떠나는 시점에서 가장 후회되는 점 한 가지는 내가 여러 번 충분히 신속하게 행동하지 못했다는 점이다." 변화를 좇는 것이 아닌 변화를 만드는 속도도 중요하다. 그러나 적절한 타이밍과 조용하고, 소프트한 열정을 간과해서는 안 된다.

당신의 조직은 어떻게 살아남았는가? 빅터 프랭클 박사는 “인간은 생물학적, 심리학적, 사회학적 여러 조건에 의해서 달라진다는 결정론에 반대하고, 제 조건에 대해서 스스로 어떤 태도를 취할 자유를 갖고 있으며 어떠한 환경에서나 정신적이고 영적인면에서 자신의 길을 스스로 결정할 능력을 갖추고 있다.” 소냐 루보머스키는 “유전적으로 정해지는 50%의 고정된 행복의 설정값과 주어진 환경이 주는 행복 10%는 바꾸기 힘든 요소이기 때문에 우리의 통제범위 안에 들어 있는 40%의 가능성에 주목” 하라고 한다. 변화란 생존과 발전을 위함이요. 새로운 것을 의미하며 새로운 아이디어를 이끌어 낼 수 있는 창조성, 구성원들이 다양하게 행동할 수 있는 자율성, 정형화되고 고정화된 관성을 파괴할 수 있는 유연성이다. 새로움으로 가기 위해 익숙하고, 안정된 것을 포기하는 일은 새로운 것을 하는 것 보다 더 큰 용기를 필요로 한다. 왜냐면 변화란 하루아침에 기적이 생기지도 않으며, 고통과 고뇌 없이는 이루어지지 않기 때문이다. 찰스 다윈은 “생존하는 종(種)은 가장 강한 종도 가장 현명한 종도 아니다. 변화에 가장 잘 적응하는 종만이 살아남는다.”고 갈파했다. 조직의 변화는 조직의 모든 활동영역에 걸쳐 개선과 혁신, 유지와 페기를 지속적으로 행하는 활동이다. 이러한 선택은 특정시간과 환경에 의존적이기 때문에 변화혁신은 적응과 창조를 위해서 끊임없이 최적의 선택과 집중을 요하는 과정이다.

변화의 중요한 과정은 무엇인가? 커트 르윈은 “어떤 조직이 변화를 시도해야 하는 상황에 도달하면 변화친화적인 힘과 변화저항적인 힘이 작용하는 것을 가정” 했듯이 세상에는 변화에 대해 직접 대응해, 스스로의 생각과 지식으로 행동을 통해서 바꾸는 사람이 있고, 어떤 사람들은 자신이 변화하는 것이 아니라, 타인이 혹은 세상이 변화하는 것이라고 생각하는 사람이 있다. 변화란 자신부터 성숙해 가는 것이며, 성숙한 것은 꾸준히 자신을 창조해 가는 것이라는 것을 인지해야 한다. 시련과 고통 없이 인생의 삶이 완성될 수 없다. '변화의 J곡선 5단계'을 설명한 제랄드 엠 제리슨에 의하면 변화는 안정기, 하강기, 침체기, 성장기, 성숙기로 이어진다고 한다. 예를 들면, 실제 변화가 시작되기 전에 구성원들은 "늘 이렇게 해왔는데 뭘" 하면서 기존의 방식을 따르는 안정기, 지금까지 해오던 일과 완전히 다른 일을 하게 되면 어떤 일이 발생할까? 갈등과 실수, 두려움과 혼란이 가중되며 "실패할 줄 알았어." 하는 생각이 팽배하며 생산성이 급격히 떨어지는 하강기, 이제는 성과가 바닥을 치고 있지만 구성원들은 이전만큼 실수하지 않고 점차 일을 제대로 한다. 아직도 실수를 많이 하지만 실수를 간파하고 제 빨리 바로잡는다. "이제 방법을 터득 했군"

"운이 좋아서 그런 거지" 옛날방식과 새로운 방식의 차이를 관찰 할 수 있는 침체기로 깨달음의 시기이다. 이제 성장기로 옮겨가면서 성과가 괄목할 정도로 좋아지고, 심리적으로도 사기가 올라가 "별로 어렵지 않군.", "꽤 재미있는 걸" 두려움과 불확실함이 사라지고 "해 냈다" 는 자부심이 생기며 상호간에 신뢰감이 싹튼다. 비로써 변화가 조직과 자신들에 어떤 도움을 주는지 알게 된다. 마지막 성숙기로 성과가 이전 일처리방법에 맞먹는 수준까지 상승하며 "대단하다", "정말 좋구나." 성과가 평준화되고 변화가 달성된다. 또다시 구성원들은 새로운 변화를 생각할 것이다. 그러나 변화는 이렇듯 쉽지 않다. 내가 바뀌지 않는 한 조직은 절대

달라지지 않는다. 변화의 반대행동은 과거의 성공에 안주하므로 퇴보하고, 악화되어 불필요한 존재가 되는 것이다. 토마스 아담스는 "다른 사람을 바꾸려면 스스로 먼저 바뀌어야 한다. 이 세상이 나아지지 않는 이유는 한 가지 때문이다. 서로가 서로를 변화시키려고만 할 뿐, 자신은 변화하려고 들지 않기 때문이다." 적응성이 다양성에서 비롯되듯 경쟁에서 살아남는 조직들은 몇 차례의 전략적 판단 때문만이 아니라, 지속적으로 시장과 고객에 마음을 열고, 공감함으로써 선택받았기 때문이다.

일찍이 주역(周易)은 변화의 원형이정(元亨利貞)을 설하고 있다. 원(元)은 봄이요 유년이다. 씨앗을 심는 마음가짐이다. 형(亨)은 여름으로 청년이다. 심은 것을 잘 돌보고, 키우려는 마음가짐이다. 이(利)는 가을로 장년이다. 잘 거두어 이롭게 하는 마음가짐이다. 정(貞)은 겨울로 노년이다. 사사로움이 없이 곧고, 바르게 저장하는 마음가짐이다. 즉, 원형이정은 대 자연 우주의 변화요 흐름이요 순환이다. 오행(五行)도 동일하다. 목(木)은 인간이 태어남을 말하고. 화(火)는 성장하여 청년이 되는 것을 말한다. 토(土)는 장년이요, 금(金)은 노년이 되는 것을 말한다. 수(水)는 죽음이요 다시 제자리로 돌아감을 말하므로 목(木)은 다시 태어날 수 있는 것이다. 즉, 죽음은 탄생으로 우주의 자연과 소우주인 인간은 하나의 변화이자 흐름이요 순환임을 알 수 있다. 자연은 스스로 그러하듯이 공평(公平)하고 무사(無私)하며, 인자(天地不仁)하지도 않다. 천지와 세상은 흐름과 순환이 있을 뿐이다. 흐르는 물처럼 근원적으로 나를 찾아 끊임없이 깨달아가는 데 있다. 다만 세상을 내 것으로 고집하고, 착각하며 내 마음대로 되어야 한다는 억지생각이 알맞음과 어울림을 파괴하고, 열림과 소통을 파괴하며 스스로 빠르게 몰락으로 이끈다. 도도히 흐르는 자연스러움, 광대무변(廣大無邊)한 허공(虛空)을 과연 누가 붙잡을 수 있는가? 잡았으면 그것은 생각일 뿐 사실이 아니다. 지금 당신은 비전과 목표를 위해 익숙한 것과 결별할 수 있습니까?

【변화 영성지수 진단】

다음은 우리조직과 나의 "깨어있는 변화 영성지수(Lamp Spirituality Quotient For Change)"를 진단하는 체크리스트입니다. 점수는 각 번호 당 10점입니다.

1. 변화의 주요 주제가 어떤 의미를 갖는지 충분한 이해를 하고 있습니까?
2. 변화의 이유에 대해서 구체적인 설명과 빠른 시점에 보상을 하고 있습니까?
3. 구성원들이 해야 하는 일들을 구체적이고 명확하게 알려주고 있습니까?
4. 준비와 교육에 많은 투자와 더불어 진척상황에 지속적인 관심을 갖고 있습니까?
5. 변화가 시작되면서 코칭과 아울러 격려도 충분히 받고 있습니까?
6. 낙관적인 것만 강조하는 것이 아니라 앞으로 닥칠 실패도 솔직히 인정하고 있습니까?
7. 구성원들은 리더가 자신을 이해하고 신경 쓰고 있다는 것을 느끼고 있습니까?

8. 변화를 위해서 구성원들은 정확히 무엇을 어떻게 해야 하는지 알고 있습니까?
9. 익숙한 것을 버리고 고통이 뒤 따르는 일이지만 적극적으로 참여하고 있습니까?
10. 새로운 것을 배우고 새로운 환경에 적응하기를 좋아하십니까?
11. 구성원들은 변화를 추진하려고 하는 동료들을 진정으로 도와주고 있습니까?
12. 상위에서 하달되는 메시지는 무시하거나 일부 왜곡시키고 있습니까?

우리조직과 나의 "깨어있는 변화 영성지수"는 Total 몇 점입니까?

조직 ; 점

나 ; 점

측정점수가 나왔습니까? 당신과 조직의 영성지수의 수준을 알 수 있습니다. 점수의 해석은 다음과 같이 해석하시고 결과에 따라 신중하고 정확한 대응방법을 생각하십시오.

* 120~100점 영성경영 3.0, 경영이념 3.0입니다. '훌륭합니다.'만 유지가 필요합니다.
* 99~60점 영성경영 2.0, 경영이념 2.0입니다. '좋습니다.'만 변화가 필요합니다.
* 59~0점 영성경영 1.0, 경영이념 1.0입니다. '절망적입니다.'만 혁신이 필요합니다.

만약, 당신과 당신의 조직점수가 절망적이라면 희망과 용기를 가지고, 영성과 역량경영, 관계와 평가경영, 그리고 성찰경영을 신중히 검토하십시오. 없다면 새롭게 디자인 하십시오. 혹시, 맨토가 있으십니까? 그렇다면 걱정하지 마시고 의논을 하십시오.

【성찰경영 레이더차트 그리기】

다음은 '성찰'에 관한 우리조직과 나의 "깨어있는 영성지수(Lamp Spirituality Quotient)"를 종합 진단하는 레이더차트입니다. 앞에서 기록한 점수를 기입하시고 나는 빨강, 조직은 파랑색깔로 마킹하시고 직선으로 연결하십시오. 앞장의 '영성', '역량', '관계', '성과' 부분도 연결합니다.

1. 보상(Reward)
   ① 조직; 점 ② 나; 점

2. 진단(Diagnosis)
   ① 조직; 점 ② 나; 점

3. 변화(Change)
   ① 조직; 점 ② 나; 점

〈그림15〉 성찰에 관한 '깨어 있는 영성지수'

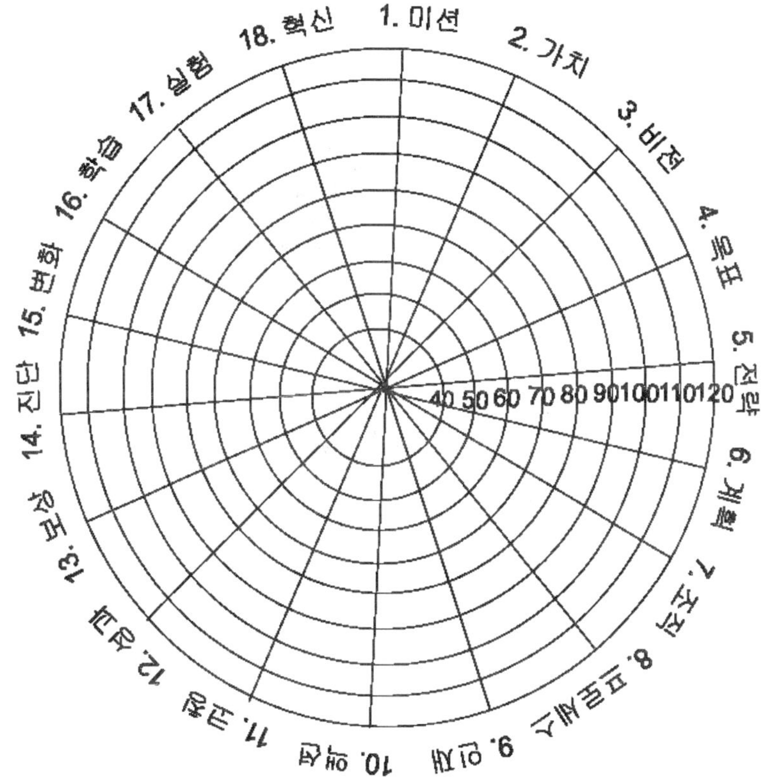

"앞으로 20년 후에 당신은 저지른 일보다는 저지르지
않은 일에 더 실망하게 될 것이다. 그러니 밧줄을 풀고, 안전한
항구를 벗어나 항해를 떠나라. 돛에 무역풍을 가득 담고
탐험하고, 꿈꾸며, 발견하라."

마크 트웨인

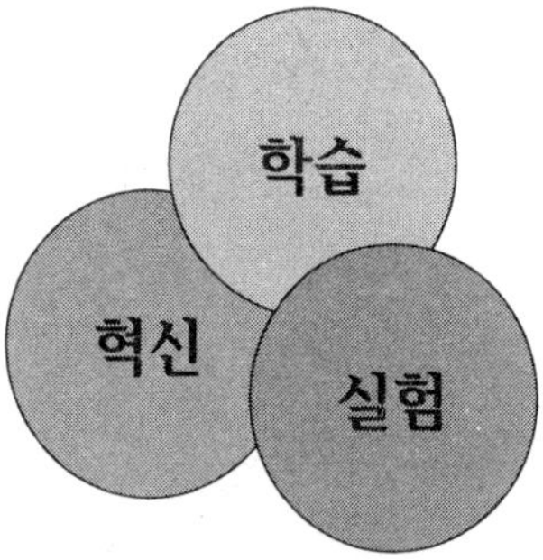

제6부

창조경영

나와 우리는 지금보다 다르게 할 수 있는가?

<에이브러햄 매슬로; Abraham Harold Maslow, 1908-1970>

"여러분 중에 자신이 위대한 일을 이룰 수 있다고 믿는 사람이 있습니까? 이 세상을 바꿀 거라 생각하는 사람 있습니까? 여러분 아니면 누가 하겠습니까?"

"자기 자신과 완전한 평화를 누리고자 한다면 음악가는 음악을 할 수 밖에 없고, 화가는 그림을 그릴 수밖에 없고 시인은 시를 쓸 수밖에 없다. 인간은 자신이 될 수 있는 것 바로 그것이 되어야 한다. 이것이 바로 인간의 자기실현 욕구이다."

"왜 우리는 사람들의 기여를 최대화하려는 조직대신 우리의 통제욕구를 만족시키는 조직을 그렇게 많이 만들어내는 것일까? 수백 년의 세월동안 인간의 본성은 과소평가되어 왔다."

"자기실현은 힘든 작업이다. 그것은 내면의 열망일 뿐만 아니라 외부의 일상세계가 요구하는 봉사의 소명이기 때문이다."

"창의성을 증진시키는 것은 무엇인가는 더 이상 핵심적인 질문이 되지 못한다. 도대체 왜 모든 사람들이 창의성을 발휘하지 못하는가? 왜 사람들은 혁신을 일으키지 않는가?"

“창조성은 누군가 일으켜주거나 주입시켜 주는 것이 아니다. 자신의 타고난 창조성을 해방시킬 수 있도록 누군가 도와줄 수 있을 뿐이다.”

“자기존중이라는 것은 곧 스스로가 주도권을 쥔 존재이자 책임감 있는 존재, 자율적인 존재, 자기운명을 자기가 결정하는 존재라고 여기는 것을 의미한다.”

제16장

학습(Learning)

학습은 진단과 변화로부터 오며, 삶과 경영의 시작이요 끝이다. 배움을 멈추면 성장이 끝난다. 날마다 한 가지씩 새로운 것을 배우면 경쟁자의 99%를 극복할 수 있다.

당신은 미션과 비전달성을 위해 무엇을 학습하고 창조하고 있습니까?

일찍이 스티브 잡스는 “그때는 잘 몰랐지만 애플에서 해고당한 것은 내 인생 최고의 사건이었다. 애플에서 나오면서 성공에 대한 중압감을 다시 시작할 수 있다는 가벼움으로 대체할 수 있었다. 그 시기는 내 인생에서 가장 창조적인 시간이었다. 애플에서 쫓겨난 경험은 매우 쓴 약이었지만 어떤 면에서는 환자였던 내게는 정말로 필요한 약이었다.”고 말했다. 즉, 고통과 고난의 시기는 내면의 진정한 목소리를 들을 수 있는 학습의 기회이며 결국 영감을 따를 수 있는 용기를 가질 수 있는 학습의 시간이다. 학습은 깨달음의 시작이며 끝이다. 우리는 실수를 통해 얻은 교훈으로 자신을 용서하고 앞으로 가야 한다. 가장 탁월한 사람은 자기연마와 공부를 멈추지 않는 사람을 말한다. 마쓰시타 고노스케는 “넘어졌을 때 원인을 깨닫지 못하면, 일곱 번 넘어져도 마찬가지며 한 번만으로 원인을 깨달을 수 있는 사람이 되어야 한다.”고 했다. 결코 어떠한 일이든 경솔하게 처리하지 않음과 상당한 시간과 집중이 필요하다. 삶과 진리는 거창하지 않고, 지금 당신의 몸과 마음이 있는 여기에 존재한다. 당신은 지금 무엇을 학습하고 있는가? 지난 100여 년 동안 위대한 발명, 이성을 통한 경영이 세상을 변화시켰지만 경영을 포함한 모든 생명은 생성소멸이 존재한다. 당신은 미션과 비전달성을 위해 무엇을 학습하고 창조하고 있습니까?

20세기 경영의 핵심은 무엇인가? 주인의 소유와 욕망을 중심으로 노동자들에게 통제와 관리에 의한 무한경쟁의 원칙이 지배하는 효율의 세계가 그 중 하나다. 설명되지 않는 것은 존재하지 않는 세계로, 측정할 수 없는 것은 관리할 수 없는 세계로 인정하고 합리성이 이끌었다. 이제 문제를 단편적이 아니라, 총체적으로 소통하고 통찰해야한다. 조직의 핵심경영프로세스가 무엇인가? 인재와 자본, 정보는 어디에 가장 많이 있는가? 지금 핵심역량의 성장을 방해하는 것이 무엇인가? 성과창출을 가로막는 장애물이 무엇인가? 무엇이 가장 구성원들의 창의성을 파괴하고 있는가? 너무 잘 통제된 커뮤니케이션을 구축하고 있는가? 어느 주어진 시간에 구성원들이 무슨 일을 하고 있을지 예측한다면 과연 좋은가? 행동을 일일이 지적하는지? 엄격한 규칙을 수행하고 있는지? 그렇다면 당장 각오해야 한다. 새로운 수익 흐름을 창출할 수 있는 변화와 혁신적인 아이디어를 제안할 가능성은 희박할 것이다. 구성원들의 이기심에 맞는 행동도 중요하지만 설명할 수 없는, 존재하지 않는, 관리할 수 없는 비합리성을 통찰해야 한다. 이웃과 세계와 관계하고, 소통하며 공유하려는 구성원들의 관심사와 중심은 다양할수록 좋지만, 기준은 구성원들이 조직의 핵심가치를 공유하고 있는지? 만일 그렇지 못하면 조직은 혼란과 혼동 속에 좌초할 것이다.

성과는 집중에서 나오는가? 앤드루 로빈슨은 "1989년 존 헤이스가 처음 밝혀냈고, 다른 여러 심리학자들이 인정한 이 법칙에 따르면 누구든 도약을 이루기 전에 약 10년 동안 관련 기술이나 학문을 부단히 배우고 연습해야만 한다. 그리고 분명한 점은 이보다 짧은 시간에 도약을 이룬 경우는 거의 없었다는 사실이다."고 말했다. 챨스 다윈은 22세 때인 1831년 박물학자로 남아메리카의 현장을 방문하면서 생물분포와 과거 이 대륙에 서식하던 생물과 현존하는 생물사이의 지질학적 관계에 대한 여러 사실을 알고 깊은 감동을 받았다. 1837년에 여러 사실들을 모아서 검토하면서 5년 동안 끈질기게 매달리고, 그 주제에 대한 생각을 통합하며 짤막한 메모를 남겼다. 그리고 1844년에 그것을 바탕으로 확신하고 있던 어떤 결론의 개요를 만들었다. 마침내 진화론인 자연선택이론을 1858년 린네학회에서 발표했다. 〈종의기원〉은 다음해에 나왔으며 초판 1,250부가 발매 당일에 매진되었다. 자연선택설은 생물의 어떤 종(種)에 개체간의 변이가 생겼을 경우에 그 생물이 생활하고 있는 환경에 가장 적합한 것만이 살아남고, 부적합 것은 멸망한다는 이론이다. 즉, 개체간의 항상 경쟁이 일어나고, 자연의 힘으로 선택이 반복되는 결과 진화가 생긴다는 것이다. 이것은 '신에 대한 창조설' 에 사상최대의 타격을 주며, 19세기말 진보와 자유경쟁이념과 맞물려 영국의 산업자본주의의 발전을 가져왔다.

학습은 왜 중요한가? 앤드루 로빈슨이 10년을 말하듯, 보통사람이 한 분야에서 하루 3시간씩 10년 동안 지속적으로 한다면 천재가 된다고 한다. 카오스이론의 나비효과는 매우 미세한 변화나 조짐이 결국, 심각하거나 중대한 결과를 가져온다는 말로 나비의 작은 날개 짓 하나가 사막에 회오리를 일으키며 태풍을 일으키는 원인이 된다. 피터 센게는 "세계적인 기업이 인간의 지능과 영혼을 이해하고 자극하는데 있어서 정교함을 갖추게 될 시기에 들어서고 있다고 믿는다." 고 했다. 조직이 생존하고 번영하는데 있어서 학습은 중요하다. 당신의 조직은 주제가 있는가? 주제를 붙들고 얼마나 오래 동안 학습해왔는가? 처음부터 지금까지 변하지 않은 주제가 있는가? 그것이 지금 조직의 핵심역량에 얼마나 도움을 주었는가? 핵심인재는 누구인가? 구성원들이 원하는 결과를 창조하기 위해 경험과 지식을 성찰하고, 필요한 능력을 끊임없이 강화해 가고 있는 사람들이다. 경영진은 조직이 학습하는데 얼마나 도움을 주는가? 핵심조직은 어디인가? 구성원 스스로 학습할 수 있도록 모든 기회와 자원을 제공하며 학습결과에 따라 지속적인 변화와 혁신을 이루어가는 조직이다. 바로 학습조직은 변화에 능숙한 조직을 말한다. 이것이 찰스 다윈이 말하는 자연선택설로 생물이 생활하고 있는 환경에 가장 적합한 것만이 살아남고, 부적합 것은 멸망한다. 이제 자유로운 경쟁에서 공정한 경쟁으로 아담 스미스를 넘어야 산다.

팬택은 왜 법정관리를 신청했는가? 그동안 치열했던 스마트폰의 글로벌 경쟁은 휴대폰의 원조인 모토로라, 부동의 1위였던 노키아조차 몰락시켰다. 창조적 도전을 하는 벤처조직의 실패는 아쉽지만, 학습의 중요한 기회로 삼아야한다. 우리는 여기서 무엇을 학습해야 하는가? 팬택은 1991년 박병엽 창업자가 삐삐사업에서 시작해 휴대폰 열풍을 타고 성공 가도에 들어섰다. 당시 텔슨, 세원, 어필텔레컴 등과 더불어 휴대폰 기술의 혁신을 주도했다. 그러나 결국, 제조와 유통의 삼성과 LG라는 전통의 거인들만 살아남았다. 지금 세계적으로 수많은 스마트폰 회사 중 제대로 이익을 내는 회사는 애플과 삼성 두 회사뿐이다. 여기에서 제품의 생명주기에 따른 조직의 전략적 변화를 다시 돌아보게 된다. 학습조직으로 변화에 능숙한 조직 말이다. 기술 혁신이 주도하는 시대에는 벤처가 해당산업을 이끌어가지만, 시장 규모가 지배하는 시대에는 대기업이 해당산업을 이끌어 가는 것이 불문율 아닌가? 이제 세계 스마트폰 산업은 성숙기에 접어들어, 기술 혁신이 아니라 시장지배력이 승부를 좌우하는 단계에 돌입한 것이다. 그러나 팬택은 삼성, LG와 같은 규모의 경제도 도달하지 못했으며, 그들만의 특징인 창조와 혁신을 지속적으로 주도하지도 못했고 스스로 몰락했다. 그럼에도 불구하고 삼성과 LG와는 협력적 동반자적 관계를 왜 형성하지 못했을까? 혹시 을의 중소기업에 갑의 대기업 중심의 불공정거래는 없었는지 살펴야 한다.

당신은 끊임없이 피드백 하는가? 미션과 비전을 달성하는 과정에서 필연적으로 성공과 실패가 뒤 따른다. 우리는 이러한 과정을 통해 얻은 학습의 결과는 무엇인지? 왜 성공했는지? 왜 실패했는지? 직선적이며 분석적일 뿐 아니라, 특히 전체를 볼 수 있는 통합적시각인 시스템적 사고로 접근하자. 실수와 실패를 수용하고 재차 기회가 주어지며, 성공에 자만하지 말고, 규명하며 도전해야 한다. 학습조직의 동기는 무엇이라고 생각하는가? 왜 구성원들은 평생 학습인이 되어야만 할까? 구성원들은 자신이 창조하고자 하는 것이 무엇인지 앎으로써 그것들을 스스로의 목적의식과 비전속에 지속적으로 투영해 가야 한다. 목표를 달성하는 조직이 강한 조직이겠지만, 구성원들의 실수와 실패에 대해서 무조건 처벌하고, 위협하기보다는 반대로 배려와 관심으로 학습할 기회를 제공함으로써 구성원들이 지속적인 변화를 수용할 수 있도록 동기를 부여하는 조직이 성숙한 조직이다. 조직과 구성원들은 자기실현의 꿈을 가지고 있다. 제품의 완성, 그리고 소비자로의 이동과 서비스는 곧 학습의 시작이다. 가장 잘된 점은 무엇인가? 가장 잘못된 점은 무엇인가? 조직의 문화란 무엇인가? 구성원들의 생각과 행동의식을 말한다. 학습문화가 성숙한 조직은 무엇인가? 조직 전 계층의 구성원으로부터 미션과 가치, 비전과 목표, 전략과 계획, 조직과 프로세스, 인재와 행동, 코칭과 성과, 보상과 진단에 대한 지속적인 학습과 피드백을 이끌어내야 한다.

무엇을 학습할 것인가? 성공과 실패란 무엇인가? 향후 조직의 핵심문제는 무엇일까? 전략을 수행할 수 있는 역량을 갖춘 인재가 있는가? 당신은 인재를 어떻게 하면 모을 수 있다고 생각하는가? 이들의 창의력을 어떻게 하면 마음껏 펼칠 수 있도록 할 것인가? 이들의 아이디어를 어떻게 하면 스스로 제품과 서비스로 연결시킬 수 있는가? 어떻게 하면 지속적으로 성공하는 제품과 서비스를 만들어 낼 수 있을까? 이것은 내부 구성원들의 지속적인 관계와 소통의 학습뿐이다. 인재들을 어떻게 하면 조직에 스스로 오래오래 머물게 할 수 있는가? 그러나 인재에게 동기를 부여하고, 변화와 혁신에 대한 영감을 불어 넣는 것은 대량생산을 위한 조립라인을 설치하는 것보다 훨씬 더 어려운 문제다. 조급하지 않고, 천천히 한발 한발 옮길 수 있겠는가? 이것은 조직에 가장 힘든 일인 동시에 가장 중요한일이다. 학습조직이라면 가능할 것이다. 또한 내부의 인재와 학습에서 외부의 인재와 학습으로 사고를 전환하자. 인터넷을 통한 글로벌화는 창의적 발상을 획기적으로 가져올 수 있다. 이러한 학습조직은 실시간으로 세계의 인재와 자원들을 재구성하는 역량으로 여러 사람이 모인 대중이 네트워크를 통해 하나의 커뮤니티를 형성한다. 단독으로 일하는 천재들보다 훨씬 빠르게 새로운 아이디어를 개발하며, 더 빠른 속도로 신제품을 유통시킬 수도 있다.

조직은 왜 긴장해야 하는가? 조지프 슘페터는 “대중심리는 이제 기업에 대한 유머감각을 철저히 상실해 자본주의와 그 모든 산물에 대한 비난이 식견 있는 토론의 필수조건이 되어버린 지경에 이르렀다.”고 갈파했다. 즉 기업의 글로벌화가 가속화되고 있는 실정에서 영미권의 주주자본주의 추구, 독일과 일본의 이해관계자 자본주의 추구, 양쪽을 가미한 창조적 자본주의를 얘기하고 있다. 분명한 사실은 옛날이나 지금이나 시장은 침체와 성장을 반복하고 있다. 가면 갈수록 침체가 더 심화될 가능성이 높다. 조직들은 최소한 더 나은 세상을 위해 효율과 영혼으로 포장한다. 지속가능한 경영을 찾느라 애타게 목말라하고 있다. 이러한 현실에서 한사람의 천재를 찾기보다는 구성원들이 진실로 비즈니스 프로세스를 열고, 학습조직을 가동해야 하지 않을까? 누구나 하루 3시간 이상 10년 이상 해온 일 아닌가? 그러나 당신은 아직도 비전문가이지 않은가? 그렇다면 무엇이 문제일까? 조직에서 과도한 모듈화와 프로세스로 경직화되지 않았는지? 너무 20세기 경영원칙과 방법에 갇혀있지 않은지? 지나친 성과주의로 경쟁과 파괴를 가져오지 않는지? 구성원과 조직은 충분히 건강한지? 과도한 통제가 걸림돌이 되고 있진 않은지? 너무 성공한 모델에 안주하고 현실에 만족하면서 변화에 둔한 것은 아닌지? 탁월함의 열정에 물을 뿌리는 환경은 아닌지? 근본적으로 창조할 수 없는 환경은 아닌지? 당신은 조직에 적당한 긴장을 주는가?

학습은 실험과 혁신을 부르는가? 창조는 삶을 성찰하는 인간과 성찰하는 경제에서 온다. 조직은 관련 프로세스와 소통하며 학습하는가? 이러한 깨어있음과 통찰이 구성원들의 삶의 철학이 될 수 있도록 끊임없는 학습과 몰입이 필요하다. 누구나 경쟁에서 승리하고 싶지만, 시장은 언제나 치열하고 냉정하다. 경쟁에서 생존하기 위한 시장과 기술, 고객을 이미 누군가 독점하고 있을수록 새로운 진입자는 지속적인 비용을 투자하지만 계속 시장에서 낙오한다. 어떻게 해야 하는가? 비용은 끊임없이 실험과 혁신을 부르는 긍정적인 신호인가? 그렇다면 위기가 아니라 기회며 학습이 더 필요한 때다. 학습이란 배우는 태도이며 가르치며 배우고 질문하는 교학상장(敎學相長)이다. 핵심이 무엇일까? 그 조직은 왜 성장하며 놀람과 흥분, 감동을 주는가? 이웃과 사회에 긍정적 영향을 주었는가? 상품과 서비스는 고객에게 어떤 의미와 가치를 주었는가? 어떤 체험을 고객에게 어떻게 전달했는지? 상품과 서비스로 인한 사회적 책임을 다하고 있는가? 우리는 현장에 어떻게 적용할 수 있을까? 이번에 이 역량을 다른 상품에 확대해서 활용해보면 어떨까? 이번엔 유럽에 적용해보는 것이 어떨까? 지속적으로 이렇게 하다보면 보는 시야가 달라진다. 시간이 가면 갈수록 사물의 이면을 통찰하는 직감도 나온다. 새로운 방법도 나오고, 혁신의 발견도 하게 된다. 나날이 가치와 경험, 역량과 자산, 명성이 쌓여간다. 이것이 오래되면 될수록 브랜드가 된다.

일찍이 대학(大學)에 "대학(大學)의 도(道)는 밝은(明) 덕(德)을 밝히는데(明) 있으며 백성(民)들과 친(예기;親) 하며, 백성을 새롭게(주자;新) 하고, 지극한 선(至善)에 이르는데 있다. 그칠 데를 알게(知止) 된 후(后)에 정해짐이 있으니(有定), 정해진 후에 능히 고요(能靜)하고, 고요한 뒤에 능히 편안(能安)하고, 편안한 후에 능히 생각(能慮)하고, 생각한 후에 능히 얻을(能得) 수 있다."고 하였다. 사람은 밝은 덕을 밝힐 수도 있으며 새로운 사람으로 바뀔 수 있으며 이를 통해 지극한 선에 이르러 옳고 그름, 선함과 악함을 분명하게 밝힐 수 있다. 이렇듯 대학의 도를 닦다보면 완전히 새 사람으로 만들 수 있으며 이는 곧 철저하게 본질을 바꾼 사람을 말한다. 이는 대학의 도가 지향하는 최종적인 목적임을 알 수 있다. 또한 지극한 선의 의미를 이해한 후 지향점을 결정한다는 것이다. 사람이 발분하고 노력하여 지향할 목적이 생기면 마음이 상대적인 평정심을 찾는다. 마음이 평정하면 자신에게 맞는 일을 안정적으로 행할 수 있으며 마음이 안정된 상태에서 문제를 살피고, 보다 세심하게 일을 도모하여 마침내 지극한 선이라는 목적에 도달함을 말하고 있다. 나는 오늘 즐거웠는가? 나는 오늘 성과가 있었는가? 나는 오늘 성장하였는가? 그러므로 나는 오늘 행복하다. 당신은 미션과 비전달성을 위해 무엇을 학습하고 창조하고 있습니까?

〈그림16〉 깨어 있는 창조경영

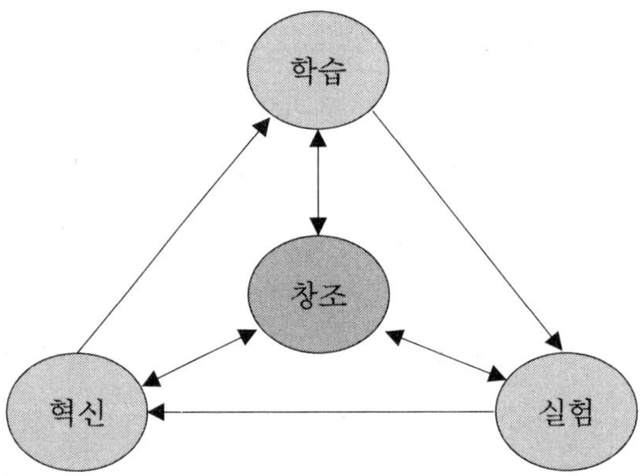

【학습 영성지수 진단】

다음은 우리조직과 나의 "깨어있는 학습 영성지수(Lamp Spirituality Quotient For Learning)"을 진단하는 체크리스트입니다. 점수는 각 번호 당 10점입니다.

1. 소비자의 요구와 만족을 위해서 역할과 책임을 다하고 있습니까?
2. 협력사의 요구와 만족을 위해서 역할과 책임을 다하고 있습니까?
3. 종업원의 요구와 만족을 위해서 역할과 책임을 다하고 있습니까?
4. 주주 및 투자자들의 요구와 만족을 위해서 역할과 책임을 다하고 있습니까?
5. 지구환경을 위해서 역할과 책임을 다하고 있습니까?
6. 지역사회에서 기업시민으로 역할과 책임을 다 하고 있습니까?
7. 경쟁사에 대해서 역할과 책임을 다하고 있습니까?
8. 매스미디어에 대해서 진실한 정보를 위해서 역할과 책임을 다하고 있습니까?
9. 정부 및 행정의 요구와 만족에 대해서 역할과 책임을 다하고 있습니까?
10. 국제사회의 요구와 만족에 대해서 역할과 책임을 다하고 있습니까?
11. 비영리단체들에 대한 요구와 만족을 위해서 역할과 책임을 다하고 있습니까?

12. 경제적, 법적, 윤리적, 재량적 책임에 대해서 역할을 다하고 있습니까?

우리조직과 나의 "깨어있는 학습 영성지수"는 Total 몇 점입니까?

조직 ; 점

나 ; 점

측정점수가 나왔습니까? 당신과 조직의 영성지수의 수준을 알 수 있습니다. 점수의 해석은 다음과 같이 해석하시고 결과에 따라 신중하고 정확한 대응방법을 생각하십시오.

* 120~100점 영성경영 3.0, 경영이념 3.0입니다. '훌륭합니다.'만 유지가 필요합니다.
* 99~60점 영성경영 2.0, 경영이념 2.0입니다. '좋습니다.'만 변화가 필요합니다.
* 59~0점 영성경영 1.0, 경영이념 1.0입니다. '절망적입니다.'만 혁신이 필요합니다.

만약, 당신과 당신의 조직점수가 절망적이라면 희망과 용기를 가지고, 조직의 전반적 이해관계자에 대하여 검토하십시오. 영성과 역량경영, 관계와 평가경영, 그리고 성찰과 창조경영을 신중히 검토하십시오. 없다면 새롭게 디자인 하십시오. 혹시, 맨토가 있으십니까? 그렇다면 걱정하지 마시고 의논을 하십시오.

제17장

실험(Experiment)

실험은 변화와 학습으로부터 나온다. 즉, 경영성과는
쉽고, 평온하게 이루어지지 않는다. 오랜 경험과 시련, 고난과
실패 속에서만이 영혼은 성장하며 강해진다.

당신은 미션과 비전달성을 위해 무엇을 실험하고 창조하고 있습니까?

일찍이 칼릴 지브란은 “그대들은 대지와 또한 대지의 영혼과 함께 발맞추어 나아가기 위해 일하는 것이다. 그대들은 언제나 일이란 재앙이요. 노동이야말로 불운이라는 말을 들어왔다. 그러나 내 말하노라. 일하고 있을 때 그대들은 대지의 가장 깊은 꿈의 한 조각을 채우는 것이라고, 또 스스로 노동함으로써만 그대들 진실로 삶을 사랑할 수 있으며 또 노동을 통해 삶을 사랑하는 길만이 삶의 가장 깊은 비밀을 알게 되는 길이라고, 그대들은 또한 삶은 암흑이라는 말을 들어왔다. 허나 내 말하노라. 강한 충동이 없을 때야말로 삶은 진실로 암흑이라고, 그리고 모든 충동이란 깨달음이 없을 때엔 쓸모없는 것, 그리고 또한 모든 깨달음은 노동이 없다면 헛된 것, 그리고 모든 노동은 사랑이 없다면 공허한 것임을, 그대들 사랑으로 일한다면 그대들은 스스로를 스스로에게로 귀속시키는 것이며, 그리고 서로서로, 마지막엔 신에게로 귀속시키는 것이다. 그러면 사랑이란 무엇인가? 그것은 그대들 심장에서 뽑아낸 실로 옷을 짜는 것, 마치 그대들 사랑하는 이가 입기라도 할 것처럼, 그것은 애정으로 집을 짓는 것, 마치 그대들 사랑하는 이가 살기라도 할 것처럼, 그것은 자비로 씨를 뿌리고 기쁨으로 거두어들이는 것, 그대들 사랑하는 이가 그 열매를 먹기라도 할 것처럼” 이라고 갈파했다. 일은 꿈과 사랑의 노래이며 신의 비밀을 깨달아가는 신성한 실험이다. 당신은 미션과 비전달성을 위해 무엇을 실험하고 창조하고 있습니까?

관찰은 왜 중요한가? 팀 브라운은 "먼저 관찰부터 해야 합니다. 사람들이 실제로 일을 어떻게 처리하는지, 혹은 일을 어떻게 처리하지 않는지 그 미묘한 차이를 밝힐 수 있는 유일한 방법이 관찰이기 때문입니다. 관찰을 해야 깊은 통찰력을 발휘하여 참신하고 강력한 아이디어를 내게 됩니다. 지적인 실험 또한 매우 중요합니다." 선수는 사전에 충분한 관찰과 연습을 통해서 자신감을 가져야 하며 실전경기에 가능하면 많이 참여해야 탁월한 실력을 발휘할 수 있듯이 조직이 변화에 한발 앞서 가기위해서는 학습역량이 매우 중요하다. 학습은 실전을 위한 연습이며 학습의 역량은 관찰과 실험으로 나타난다. 실험하기 전에 충분한 관찰이 필요하며 짧은 시간 내 적은비용으로 시 제품화를 지속적으로 생산해 내는 능력이 변화와 혁신을 앞당기는 창조경영의 핵심이라 할 수 있다. 또한 그는 "서로 다른 방식으로 이렇게도 해보고 저렇게도 해보려고 해야 획기적인 발견을 할 수 있는 법입니다. 마지막으로 짧은 시간 내에 적은 비용으로 시 제품화를 하는 것이 아이디어를 실현하는 가장 효율적인 방법입니다. 무엇을 만들지 생각하기보다 생각하기 위해 만듦으로써 조직은 혁신의 속도를 급속히 증가시키게 됩니다."고 말한다. 관찰과 실험은 오늘날 관계와 소통에 매우 중대한 요소이다. 관찰은 위대한 질문을 낳고, 다시 경청과 수용을 낳고, 결국 피드백을 통한 혁신과 창조로 가능성의 세계로, 완성을 위해 한걸음 다가가는 탐험이다.

경영은 무엇을 탐험해야 할까? 경영하지 않고, 경영하는 것을 가능케 하는 것이 무엇인지 발견해내려고 하는 실험이다. 즉, 경영자 없이 경영하고, 관리자 없이 스스로 일하는, 조직 없이 경영하면서 탁월한 성과를 창출하는 것이다. 시련과 고통, 실패를 통해 조직과 구성원들이 더욱 더 스마트해지는 기회다. 경영은 변화속도에 맞춰 스스로 진화해 갈수 있을까? 이것은 우리가 바라는 새롭고 유익한 가치를 창출하고, 소중한 자원을 가장 잘 활용할 수 있는 영원의 행동이다. 저마다 영혼을 가진 인간이 창조성을 통해 인간성과 개성을 드러낼 때 행복하고 즐거운 일이 아닌가? 또 언제 창조성이 자유롭게 나올까? 아니면 모방할 때 그럴까 또 언제 모방하는가? 벤치마킹이나 베스트 프랙티스는 늘 가능할까? 우리는 주인인가 노예인가? 일에 관한한 주인은 일 벌레이지만 자기만의 시간을 가진다. 주인은 자기 일에 관련 없는 부분에 평소의 호기심을 발휘하고자 할 수도 있다. 가설이 맞는지 장난스러운 프로젝트를 헌신적으로 실험해 볼 수도 있다. 그것도 저 비용으로 실험할수록 더 좋다. 이렇게 실험할 수 있는 자유시간을 모든 구성원들에게 준다면 어떤 일이 발생할까? 구성원들에게 미치는 영향이 부정적일까 긍정적일까? 즉, 중요한 것은 의식이다.

스스로 경영이 진화할 수 있는가? 리드 헤이스팅스는 "제 생각은 이렇습니다. 창업자는 반드시 반대를 보는 관점을 가져야 합니다. 모두가 당신을 바보라고 할 때 바보처럼 그것을 밀어 붙여야 합니다. 종종 아무도 믿지 않은 것에 당신이 강력한 믿음을 가진다면 그것은 현실이 될 가능성이 있습니다."고 했다. 대부분의 관리자는 계획의 정교함을 토대로 다른 누군가를 통제한다. 구성원들이 계획에 따라 미래를 개척하고 펼쳐지기를 기대한다. 아예 무계획 보단 성공할 것이라 확실히 믿는 경향이 있지만, 미래를 바라보는 방법뿐 만 아니라 현재도 불연속이고, 불규칙이 진행되는 예기치 않은 상황에서 어떻게 조직의 생존을 높일 수 있을 것인가? 생존은 진화의 속도에 비례할 뿐이다. 스스로 경영이 진화할 수 있는가? 인간의 창조적 독창성과 생명의 불꽃같은 열정이 가능하게 할 것이다. 지금 경영시스템과 원칙들은 5년 후에도 경쟁우위를 줄 수 있을까? 당신은 경영자요 리더이자 관리자이다. 당신의 중요한 비즈니스프로세스는 무엇인가? 당신은 무작정 관리와 계획에만 의존하고 기다릴 것인가? 왠지 불안하다고 생각하지 않는가? 몇 가지 미래에 대비하는 실험을 준비하고 싶지 않은가? 생존전략 말이다. 즉 적자생존의 자연선택설 적응력의 싸움이다. 당신은 미래의 실험에 투자하고, 새로운 시장과 고객을 만나는 탐험을 하고 있는가? 이러한 학습과 실험의 결과인 경험과 지혜의 총합은 사전적응이고 사전혁신이며 사전창조이다.

괴짜의 탐험 장이 있는가? 테드 테너 회장은 "혁신적인 아이디어를 제시할 때 사람들이 비웃지 않는다면 그 아이디어는 좋은 것이 아닐 확률이 높다."고 했다. 새로운 아이디어를 가진 사람은 그 아이디어가 성공할 때 까지는 괴짜 신세를 면치 못한다. 그러나 누구나 찬성하는 아이디어는 큰 성공을 거둘 수 없다. 당신 조직의 경영시스템은 변화에 전략적으로 적응하는가? 당신은 혁신적인 방법에 호기심도 있지만 의구심도 있지 않는가? 우리들의 편견과 착각은 혁신적인 아이디어를 살리기도, 죽이기도 한다. 구성원들은 전략적 실험의 다양성과 확장성 그리고 폐기에 대해서 지속적인 질문을 하는가? 이해할 수 없는 것에 반대의사를 할 수 있는가? 포기하는가 아니면 모른 채 하는 것인가? 우리 인체에도 건강한 세포와 암 세포가 함께 공존하듯 버릴 수 없다면 공존해야 한다. 인간의 잠재력발휘에 방해가 되는 효율의 대명사인 통제를 버릴 수 없다면 새로움의 적응과 함께 공존해 나아가야 한다. 조직의 생존 기회를 높이는 방법은 무엇일까? 조직은 어떤 아이디어에 예산을 반영하는가? 핵심인재이거나 어느 특정한 사람이거나 경영진의 선택이 중요한가? 자연의 선택처럼 공개적으로 모든 아이디어가 경쟁할 수 있는 기회가 있는가? 괴짜들이야 말로 창의성과 독특성이 나올 수 있는 실험의 장이요 탐험의 장이 될 것이다.

창조적 파괴란 무엇인가? 20세기는 분명 건설의 시대였다. 21세기는 아마도 창조적 파괴일 것이다. 부셔버려야 다시 건설할 것이 아닌가? 무엇은 파괴해도 되지만 무엇은 파괴하면 안 되는 것일까? 무엇을 어떻게 창조적으로 건설할 것인가? 예를 들어 우리 삶의 주거와 도로의 형태들은 어떤가? 우리 모두 똑같은 모형으로 지어진 아파트에 살고, 자동차를 몰며 매연과 소음 속에 살고 있다. 어떻게 하면 자연스럽게 인간과 자연, 물질들이 소통할 수 있을까? 서로 다른 요구와 목적을 지닌 사람들이 서로 따듯하고, 풍부한 인간적 상호작용을 만들어 내는 곳. 나무와 숲도 물과 새들도 있는, 그냥 마구 부셔버리고 새것만 높고 큰 건만 있는 게 아닌, 작은 것과 큰 것이 함께 있는, 넓고 똑바른 도로가 아닌 오솔길도 있어 사방에서도 모일 수 있는, 자전거와 사람도 차도 있는 거리, 전통과 현대를 아우르는 건물들은 분명히 정보와 상품과 아이디어가 넘치는 창조적인 실험과 탐험의 장이 될 것이다. 이상적인 경영시스템은 무엇일까? 우리는 어떻게 더 많은 성과를 창출할 수 있을까? 당신은 지도에 없는 곳도 찾는 모험을 계속하고 있는가? 어떻게 자연의 법칙을 알고 따를 수 있을까? 어떻게 하면 환경변화에 능동적으로 적응할 수 있을까? 경영진의 지식과 능력이 부족할 때 스스로 내려놓으면 어떨까? 리더와 관리자의 역량이 부족할 때 솔직히 인정하고, 도움을 청하면 어떨까? 이럴 때 집단적 지혜인 집단적 무의식을 모험하고 탐험해야 한다.

창조의 씨앗이란 무엇인가? 윈스턴 처칠은 "절대 다가오는 위험으로부터 등을 돌리고 달아나려 해서는 안 된다. 그러면 위험은 배로 늘어난다. 그러나 당황하지 않고, 즉시 정면으로 돌파한다면 위험은 절반으로 줄어든다. 절대 어떤 것으로부터 달아나자 마라. 절대로"라고 말했듯이 절대로 포기하지 않아야 한다. 실패의 인정과 엄청난 연봉도 문제지만 중요한 것은 능력을 바탕으로 한 권위가 아닐 때 힘을 잃어버리며 권한보다는 능력과 헌신과 통찰력이 중요하다. 이것은 민주주의의 특성과 아주 일치하고 있는데 조직 내 정치에만 빠져있기 때문에 경영을 제대로 볼 수 없는 것이 아닌가? 구성원들이 창의적 열성으로 참여할 수 있는 방법은 없을까? 몰락하기 전에 오만과 전략적 타성에 구성원들이 긍정적인 이의를 제기할 수 없을까? 당신의 조직이 실험정신으로 무장하고 싶다면 어떻게 해야 할까? 실험과 혁신이 수익을 올리면 가장 바람직하겠지만 반드시 그렇지 않다. 중요한 것은 배움을 통해서 새롭게 깨어남이다. 실험하고 실패하며 배우고 반복하는 자세 이것이 창조성의 새로운 씨앗이다. 지나친 이익 압력이 실험과 도전 기회를 서둘러 잠재우고, 결국 실험과 혁신의 잠재력을 사라지게 할 때 조직은 스스로 자멸한다. 이것이 학습과 실험을 강조해야 하는 이유이며 가설을 세우고 검증하려는 이유이다. 물론 실험은 위험할 수 있다. 비용과 시간, 사람이 필요하기 때문이다. 더 위험한 것은 모험과 탐험이 없는 것이다.

실패와 실수는 무엇인가? 쇼펜하우어는 모든 진리는 3단계를 거친다며 "첫째, 조롱을 받고, 둘째, 반대를 받다가, 셋째, 자명한 것으로 받아들여진다."고 갈파했다. 실패란 그렇게 하면 안 된다는 것을 하나 알았을 뿐이다. 당신 주변에 반대하는 사람이 있다면 어떻게 할 것인가? 세상에 쉬운 일이라면 누구라도 먼저 했을 것이다. 구성원들의 반대와 상사가 동의하지 않는 일에 몰입하면서 온갖 고난 끝에 마침내 모두가 동의하고 지지하도록 만들어내는 것이 바로 당신의 삶이 아닐까? 그것이 인생의 경영이 아닐까? 그러기 때문에 구성원들의 자유로운 시간은 절대 필요하다. 실패와 실수는 학습과 실험을 통해서 일찍 경험하고, 터득 할수록 모든 비용을 초월할 수 있는 창조적인 작품이 나온다. 분명히 학습과 실험은 새싹이다. 학습과 실험은 이웃동네와 도시에도 사회에서도 일어나고 있다. 우리사회의 구석구석 현장에서 삶의 등불이 되고, 희망이 되는 작지만 큰 실험들이 여기저기서 학습하고, 실험하며 실현시키기 위해 많은 단체와 사람들이 노력을 하고 있으며 많은 결실이 나오고 있다. 예를 들어 희망제작소에서 추진하고 있는 작은 지자체에 대한 컨설팅, 지자체 공무원에 대한 교육, 조례연구소, 주민자치 클리닉, 간판문화연구소, 공원연구소 사업 등도 일련의 실험들이요 모험이다. 진리란 무엇인가? 이웃과 사회를 조금 더 밝고, 아름답게 하는 일이다. 모두가 반대한다면 인생을 걸고 시작하라. 진리는 당신의 친구가 될 것이다.

일찍이 공자(孔子)는 "배우고 때때로 익히면 또한 기쁘지 않겠는가? 學而時習之 不亦說乎, 벗이 있어 멀리서 찾아오니 또한 즐겁지 않겠는가? 有朋自遠方來 不亦樂乎, 남이 몰라준다 하여도 속상해 화를 내지 않으면 人不知 而不慍, 또한 군자가 아니겠는가?

不亦君子乎."라고 갈파했다. 공자는 늘 사람이 되는 학문(學文), 時와 禮, 樂과 易, 春과 秋를 강조한다. 사람의 마음을 배우기 위해 시를 배우고, 사람의 행실을 배우기 위해 예를 배우고, 사람의 화합을 배우기 위해 악을 배우라고 한다. 천지의 움직임을 배우기 위해 역을 배우고, 올바른 다스림을 위해 춘추를 배우라 한다. 군자의 길은 공자의 인(仁)이요 그리스도의 사랑이요 부처의 자비로 통하는 배움이다. 성과가 좋으면 실적표가 올라가고, 승급이나 승진이 남보다 빠르게 되는 성취의 세상에서는 사람과 사람이 서로 경쟁하게 마련이다. 사람과 물질을 경쟁의 대상으로 보기 시작하면 사리사욕을 부추 켜서 무조건 승리해야하고, 외형적으로 자기 과시를 하여 상대의 기를 꺾어야 한다는 욕심이 앞서게 된다. 그래서 사람은 잘못된 일은 철저히 숨기고, 잘한 일은 눈덩이처럼 불려서 세상에 자랑한다. 일자랑은 주위에 아부나 아첨을 불러오고, 결국 자신이 자신을 속이는 연극을 함으로써 스스로 소인이 된다. 군자는 자신이 소인이 되는 것을 매우 두려워한다. 당신은 미션과 비전달성을 위해 무엇을 실험하고 창조하고 있습니까?

【실험 영성지수 진단】

다음은 우리조직과 나의 "깨어있는 실험 영성지수(Lamp Spirituality Quotient For Experiment)"을 진단하는 체크리스트입니다. 점수는 각 번호 당 10점입니다.

1. 당신의 조직은 자주 빨리 새로운 전략을 만들어 낼 수 있는가?
2. 당신은 새로운 자본과 핵심인재를 얼마나 빨리 새로운 전략에 투입할 수 있는가?
3. 당신은 구성원들이 상상력과 창조적 본성을 가지고 있다는 것을 믿는가?
4. 당신의 잠재력을 완전히 발휘하고 있다고 생각하는가?
5. 구성원들이 현재 일에서 해방될 수 있도록 자유 시간을 주고 있는가?
6. 보다 현명한 결론을 내릴 수 있도록 모든 정보에 접근할 수 있는가?
7. 하고 싶은 일을 스스로 선택할 수 있는 것이 가능한가?
8. 아이디어를 실험할 수 있도록 집단적 지혜와 자금을 쉽게 모을 수 있는가?
9. 새로운 아이디어와 실험이 넘쳐나고 있으며 실험하고 배우고 적용하는가?
10. 폭 넓게 실험하고 과감하며 실수로부터 배울 수 있는 능력에 따라 평가받는가?
11. 소규모의 실험 자본으로 현장 아이디어를 연결하는 시장을 형성하고 있는가?

12. 아이디어시장에 따른 자원분배원칙을 만들고 있는가?

우리조직과 나의 "깨어있는 실험 영성지수"는 Total 몇 점입니까?

조직 ; 점

나 ; 점

측정점수가 나왔습니까? 당신과 조직의 영성지수의 수준을 알 수 있습니다. 점수의 해석은 다음과 같이 해석하시고 결과에 따라 신중하고 정확한 대응방법을 생각하십시오.

* 120~100점 영성경영 3.0, 경영이념 3.0입니다. '훌륭합니다.'만 유지가 필요합니다.
* 99~60점 영성경영 2.0, 경영이념 2.0입니다. '좋습니다.'만 변화가 필요합니다.
* 59~0점 영성경영 1.0, 경영이념 1.0입니다. '절망적입니다.'만 혁신이 필요합니다.

만약, 당신과 당신의 조직점수가 절망적이라면 희망과 용기를 가지고, 역량과 관계경영 그리고 평가와 성찰경영을 신중히 검토하십시오. 없다면 새롭게 디자인 하십시오. 혹시, 맨토가 있으십니까? 그렇다면 걱정하지 마시고 의논을 하십시오.

제18장

혁신(Innovation)

혁신은 학습과 관찰, 그리고 실험으로부터 나온다.
동기를 부여하고, 영감을 불어 넣고 신뢰하라. 혁신하고
개발하라. 그러면 영혼 있는 리더가 될 것이다.

당신은 미션과 비전달성을 위해 무엇을 혁신하고 창조하고 있습니까?

일찍이 워렌 버핏은 "나는 그 어떤 바보라도 경영할 수 있는 회사에만 투자한다. 왜냐하면 언젠가는 어떤 바보가 그 회사를 경영할 날이 올 것이기 때문이다."고 하였으며 피터 드러커는 "그 어떤 기관도 천재나 슈퍼맨이 경영해야 하는 조직이라면 살아남을 가능성이 거의 없다. 기관이란 완벽히 보통수준인 인간의 지휘아래에서도 운영될 수 있도록 조직되어야 한다."고 말했다. 짐 콜린스는 "겸손하고 자기를 내세우지 않으며 근면하고 의지가 굳은 영혼"이라고 주장한다. 당신은 이 세상을 어떻게 바꾸고 싶은가? 지속가능한 조직을 위해 사람을 어떻게 육성하고 있는가? 당신은 후계자 선정 문제를 위해 무엇을 준비하는가? 또 어떻게 실행하고 있는가? 민주주의가 완성해 갈수록 과연 보통사람의 시대가 올 것인가? 옛날이나 지금이나 조직의 몰락과 번영에 있어서 최고경영자가 중요한 변수중 하나임에는 틀림이 없다. 또한 지금, 지속적으로 성장하고 있더라도 향후 활발하고, 혁신적인 공동체로 살아남을지 어떻게 확신할 수 있겠는가? 당신은 새로운 경영원칙을 실험하고 있는가? 먼저 변화가 필요하다. 세상에서 가장 중요하고 위대한 일은 변화며, 특히 인간의 의식변화다. 인류의 성현들은 거듭나야함을, 깨달아야 함을 강조했다. 인간은 자신이 갖고 있는 의식수준대로 보고, 듣고, 선택해 살기 때문이다. 당신은 경영을 잘하기 위해 경영기술을 공부하고 있는가? 지금 당신은 미션과 비전달성을 위해 무엇을 혁신하고 창조하고 있습니까?

역사의 진리는 직선이 아닌 곡선이며 왜 혼란인가? 마이클 해머는 "변화를 두려워하고 현재 상황을 유지하려는 사람들은 가장 위험한 내부의 적이다. 그리고 비즈니스 환경의 일시적인 개선은 가장 위험한 외부의 적이다. 경제가 조금 호전되고 주식 시장이 가열되면 대부분의 사람들이 긴장을 풀고 싶은 유혹을 느낀다."고 주장했다. 경영환경이 개선되면 자만심을 가지고 긴장을 풀게 된다. 카를로스 곤은 "회사가 위기의식을 유지하지 못하면 종업원의 의욕이 저하되어 수익성 있는 회사를 만드는데 더 방해가 된다. 그러므로 위기감을 체계적으로 관리하는 일은 기업경영에서 매우 중요한 요소이다." 사람들은 변화와 혁신을 싫어하지만 현실은 변화와 혁신 없이는 생존이 불가능하다. 피터 드러커는 "계속적인 안정은 역사에서 예외적인 사건일 뿐이다. 문제는 대다수의 사람들이 혼란이라는 정상적인 진로로 역사의 수레바퀴 속으로 들어가는 데 적응하지 못한다는 사실이다. 명령 계층 수를 최소화하는 것, 즉 조직을 가능하면 수평적으로 만드는 것은 합리적인 조직구조의 원칙이다. 그 이유는 모든 명령의 전달 단계마다 잡음은 두 배로 늘어나고, 메시지는 반으로 줄어든다는 정보이론의 일부 내용을 제시하는 것만으로 충분하리라 생각된다." 급격하게 변화하는 사회에서 관료주의를 없애고, 수평적 조직구조를 취하는 것은 창조와 자율, 그리고 속도와 유연성이라는 핵심경쟁력을 획득하는데 기본이다.

향후, 100년간의 원칙은 무엇일까? 가치를 중심으로 빠르게 적응하는 조직만이 생존한다. 공동체의 생명과 공유를 중심으로 인간의 자율과 적응에 의한 상생의 원칙이 존중되는 공감과 협력의 세계가 될 것이다. 왜냐면 인간의 창의성이자 자기실현의 동기부여는 영성(靈性)과 생명력에서 나온다. "오히려 눈에 보이지는 않고 설명되지는 않는 세계가 우리 가까이에 있고, 그리고 그 세계가 우리를 인도 한다."고 융은 갈파했다. 과학적 관리경영의 효율과 관리중심도 중요하지만, 향후 21세기 새로운 영성시대가 도래할 것이 확실시되기 때문에 보통사람들의 진정한 주인정신을 위한 인간성회복, 기업가정신의 핵심인 본성과 영성, 신성과 불성에 지속적인 관심을 가져야 한다. 역사와 경영은 말없이 흐르며 순환하고 있다. 오늘날 화두인 사회적 책임경영은 영향력이 매우 크며 본질은 영성이다. 이것이 태동되기 전 정당성과 경제성에 있어서 수많은 비판이 있었다. 1976년 노벨경제학상을 수상한 밀턴 프리드먼(Milton Friedman)은 1970년 뉴욕타임스 매거진에 "기업의 사회적 책임을 주장하는 것은 자유주의사회에 근본적으로 반동적인 사상이다."고 주장했다. 그러나 34년 후, 2010년 12월 국제규격 ISO 26000(사회적 책임 및 윤리)이 발효됨으로써 세계적 흐름이 밀턴 프리드먼과 그를 따르는 많은 학자들의 주장을 넘으면서 창조적자본주의의 새로운 학습과 실험이 또한 혁신과 탐험이 진행되고 있음을 상기해야 한다.

당신의 조직은 어떤 비즈니스프로세스가 작동하는가? 20세기 경영원칙과 비즈니스프로세스 21세기 웹 프로세스가 함께 공존하고 있는가? 완벽하게 작동하고 있는가? 이 말의 진정한 의미는 무엇일까? 10년 후 당신의 조직은 생존해 있을까? 경영혁신이란 무엇인가? 미래 시장의 상황변화와 고객의 가치와 경험에 대응하고, 지속적으로 고객의 수요를 창출하기 위해서 조직과 구성원들의 모든 것을 파괴하거나 창조할 수 있는 활동이다. 리더는 조직의 목적을 위해 관리업무의 수행방법 및 기존의 조직형태를 아예 바꾸거나 새롭게 하는 것을 말한다. 크리스 텐슨은 "기존 기업들이 혁신으로 고통스러운 선택에 직면한다."고 했다. 그러나 조직은 생존경영에서 위험을 회피할 방법은 없으며 위험감수는 혁신의 필수조건이며 모험이며 새로운 탐험이다. 인생과 경영의 삶이 모두 모험이 아닌가? 사실이다. 현재의 비즈니스 모델을 지키려고 하니 변화의 물결에 휩쓸려 사라질지 모르고, 새로운 기술을 수용하자니 현재의 사업을 지탱하는 근간이 뿌리째 뽑힐지 모른다는 불안감과 혼란스러움의 혁신 딜레마에 처해있다. 기존의 전통적 방식을 통째로 폐기함으로써 효율과 혁신간의 상충적 관계를 뛰어넘으려 하지만 어려운 것이 사실이다. 왜 그럴까?

왜 조직은 갑자기 쇠퇴하고 몰락하는가? 엄청난 변화로 인하여 환경이 바뀌었기 때문이다. 이것은 다윈의 적응성과 슘페터의 창의성이 문제일 것이다. 그렇다면 과감하고 창의적인 경영혁신이 가능한가? 리더와 관리자는 무엇을 했을 때 보상 받는가? 지금 자본과 인재는 어디에 사용되고 있는가? 조직들은 혁신보다는 효율의 추구인 과학을 기본전제로 하고 있다. 당신의 조직은 리더가 필요한가? 관리자가 필요한가? 효율과 혁신은 반대다. 효율은 예측가능성과 재현 가능성, 즉 업무를 부분요소로 나누고, 구성원들이 목표를 성취하도록 금전적 인센티브로 자극하는 것을 근간으로 한다. 반면, 혁신은 예측불가능과 불확실성을 내포한다. 누가 감히 혁신을 주장하고 추진 할 수 있겠는가? 온갖 미래가 혁신에 달려 있다고 주장하더라도 실제로 현장 운영담당자들은 잘 모르는 미지의 것보다 이미 잘 알고 있는 것을 더 선호한다. 이것은 당연한 사실 아닌가? 왜 실패가 두렵기 때문이다. 즉 20세기 초 테일러의 방법대로 일하고, 베버가 말하는 조직을 선호하고 있다는 증거이다. 베버는 "조직의 모든 구성원에게 분업과 책임이 명확하고, 직위는 권한의 크기에 따라 계층구조로 조직되며 직원들이 지닌 기술과 교육수준에 기초해 직위를 부여하고, 관리자들은 기업의 소유주를 위해 일했지만 소유주가 되지는 않으며 조직의 모든 임직원은 그들의 특정업무와 관련된 엄격한 규칙과 통제를 받는다."고 주장했다.

당신은 무엇이 가장 안정적인 구조라고 생각하는가? 이세상이 변하는 만큼 빨리 바뀔 수 있다고 확신하는가? 없다면 생존이 불가능한 것 아닌가? 엄청난 코스트다운 전쟁만이 살길이나 분명히 쉽지 않다. 당신은 핵심미션과 비즈니스모델을 바꿀 수 있는가? 물론 없을 것이다. 비즈니스 오너가 아니라서 그런가? 그렇다면 당신은 살아있어도 죽은 목숨이요 살아 있는 영혼의 생명이 아니다. 따라서 누군가의 명령과 지시가 아닌, 스스로 변신이 가능한 구조와 자율적인 프로세스를 도저히 만들 수 없다. 당신은 왜 변화와 혁신이 어려운지 알고 있는가? 게리하멜은 변화에 대한 거부는 유사한 패턴을 따른다며 "새로운 무엇인가가 나타나면 처음에는 받아들이기 어렵거나 중요하지 않게 보여 자주 평가절하 되곤 한다. 다음엔 정도에서 벗어나거나 돌이킬 수 없는 것으로 합리화되고, 나중엔 마지못해 방어적인 자세를 통해 거부감이 완화된다. 결국 마지막이 되어서야 변화를 제대로 바라보려고 한다."고 갈파했다. 정곡을 찌르는 촌철살인의 말이다. 중요한 변화가 왔지만 놀라지도 않고, 마지못해 스스로 합리화 해보지만 이미 기회는 놓친 것이다. 지금 당신의 조직은 어떤가? 현재의 경영원칙은 예전에 성공한 비즈니스모델에서 왔기 때문에 영원히 변하지 않을 것이라는 믿음에 변화를 감지하고도 포기할 수 없어 기회를 놓치고 있다. 그렇지 않은가?

당신 조직은 어떻게 하는가? 많은 조직들은 변화와 혁신은 혁신부서에서, 제품의 개발은 연구부서와 신상품개발부에서 판매는 영업부서에서 해야 한다고 생각한다. 이것은 오늘날의 테일러식 전문가의 표준화식 과학적 작업이며 베버의 계층화된 관리 조직이라고 생각 되지 않는가? 그렇지만 이러한 원칙들도 수십 년간의 학습된 진화된 결과물들이라는 것도 알아야 한다. 분명 혁신은 혼란스럽고 뒤죽박죽인 채로 남아 있을 수밖에 없는 운명이다. 혁신의 규칙마다 너무나 많은 예외가 존재하며, 많은 장점이 있음과 동시 또 많은 단점이 존재한다. 경영혁신은 단기적 프로젝트가 아니며, 조직의 탄생에서 시작해 종료시점까지 함께 걸어가야 할 운명이라는 사실이다. 더 중요한 사실은 인간의 무한한 잠재력을 해방시키고, 개선된 방법과 혁신된 방식을 끝임 없이 실험하고 창조하며, 파괴하는 과정을 이해해야 한다. 즉, 조직과 인간이 궁극적으로 가야 할 길은 무엇인가? 보다 나은 세상, 이웃과 사회, 인류를 위해 한걸음 내딛는 것이다. 함께 살며 사랑하며 배우고, 이해하는 길임을 인지하는 것 이것이 깨달음의 시작이다. 당신의 조직은 위대한 리더와 핵심인재를 스카웃 하는가? 내부에서 육성하고 있는가? 완벽하지 못한 리더, 인재와 함께 의미 있는 행동을 하는, 용기 있는 사람이 성장할 수 있는 조직을 구축하는 길이 중요하다.

새로운 미래를 창조하고 싶지 않은가? 실력이 있지만 경청하는, 주주도 위하지만 구성원들도 위하는 더불어 이웃과 사회도 생각하는, 단기적 탐욕과 의미 있는 목적을 추구하는 등 모든 이해당사자를 만족시킬 수 있는 슈퍼천재가 존재하는가? 만들어 질수 있다고 생각하는가? 당신은 이러한 상반된 자질을 가진 리더와 인재가 정말 있다고 믿는가? 별로 많지 않다고 생각하는 것이 맞을 것 같다. 그만큼 인재를 얻기도 만들기도 어렵다. 천재와 핵심인재를 기다리고만 있을 순 없지 않은가? 그렇다면 어떻게 해야 할까? 우리 보통 사람인 구성원들의 학습과 실험과 혁신이 왜 중요할까? 우리는 무엇이든 할 수 있는 자연인이기 때문이다. 순수하고 강렬한 의지는 쇠도 녹이고, 바위도 뚫는다. 누구에 의해 강제로 선택된 것이 아니라 사명감으로부터 나오는 집중과 몰입이기 때문이다. 조직과 우리의 내면에 명확하고 더 강력한 목적의식인 위대한 미션의 등불을 켜고 서 있는 이상, 또한 밖으로 나침반의 횃불을 들고 앞으로 나아가는 한 우주의 모든 에너지는 스스로 도울 것이다. 모험가와 도전가는 기업가정신이다. 또한 청년정신이며 문외한 정신이다. 만약 우리가 성공한 사람의 뒤를 졸졸 따라 간다면 그 사회는 미래가 없다. 앞선 사람을 따라가는 것일 뿐, 결코 새로운 미래를 만날 수 없다. 당신과 조직이 가야 할 길이 아무리 낯설고 두렵고, 위험하더라도 모든 걸 감수하고 앞으로 나아가야 하지 않겠는가?

비전문가의 모험심이 왜 중요한가? 이나모리 가즈오는 "문외한은 기존의 관습 습성에 따르지 않고, 초보이기 때문에 아무것도 모르기 때문에 자유롭게 생각한다. 현실에 얽매이기 보다는 자유롭게 생각하고, 그래서 더욱 새로운 아이디어를 내는 것, 그것이

교토의 전문기업들이 성공한 비결이다. 또한 새로운 일을 해낼 수 있는 사람은 그 분야에서 지식과 경험이 많은 전문가가 아닌 모험심이 강한 사람입니다. 낙관적으로 구상하고 비관적으로 계획하고 다시 낙관적으로 실행한다."고 했다. 우리나라 벤처 1세대로 설립 5년 만에 '메디슨의 신화'를 남겼던 이민화교수는 교과서에 있는 대로 하는 것은 성격에 맞지 않아, 고등학교 및 대학 시절 거의 수업에 들어가지 않았거나 결석을 자주했다고 한다. 그는 왜 그랬을까? 이미 만들어진 길을 그대로 가기 싫었던 것이다. 이러한 불편한 진실 속에서 어떻게 해야 하는가? "길 없는 길을 개척하는 선구자가 하늘이 자신에게 준 과업"이라 생각했다. 사내 벤처로 새 성장 동력을, 사외 벤처로 열린 혁신을 실현하면서 실제로 사내기업가 100명 이상이 독립했고, 7개의 사내벤처기업이 상장하기도 하였다. 기업가 정신을 어떻게 살리는 것이 좋을까? 지금 우리는 새로운 현실에 직면하고 있다. 경제민주화와 일자리창출, 성장과 분배, 혁신과 탐험의 경제를 함께 도모해야 하지 않을까?

불편한 진실은 무엇인가? 현실은 퇴직자의 생계형 창업은 많아도 창조적 도전정신의 기업가는 드문 실정이다. 바로 여기서 혁신과 창조가 중요시되는 것이다. 현재의 대기업 중심구조는 성장이 따르지 않는 제로섬 구조에서는 분배의 악순환으로 집단 간 갈등이 증폭 될 수밖에 없다. 그러나 대기업과 함께 중소기업형 벤처의 융합을 통해 혁신적 가치가 반복 창출되는 플러스(+)섬의 구조에서는 강력한 시너지가 될 수 있으며 성장과 고용이 그리고 분배가 선 순환하여 사회적 신뢰자산의 축적이 가능하게 된다. 이민화 교수는 우리가 처해 있는 양극화에 의한 갈등 구조로 "부분의 실패와 전체의 성공이 대립하는 즉 모든 부분을 성공시키겠다는 실패의 패러독스, 현재의 성과와 미래의 혁신이 대립하는 즉 단기적 이익극대화에 집중하는 시간의 패러독스, 대기업과 중소기업이 대립하는 즉 혁신과 글로벌 마케팅의 문제로 규모의 패러독스, 혁신가와 대중이 대립하는 즉 보상의 문제인 문화의 패러독스가 착한 성장의 발목을 잡고 있다"고 한다. "성장과 분배의 선순환을 통한 착한 성장으로 가는 대안으로는 실패의 패러독스는 연대보증과 재도전 제도로, 시간의 패러독스는 장기평가와 혁신시장으로, 규모의 패러독스는 개방혁신과 공정거래로, 문화의 패러독스는 노블리스 오블리쥬와 사회적 벤처"로 극복할 것을 주장하고 있다.

창조적 관계와 소통은 무엇일까? 조직에 영혼의 생명력을 넣는 것이다. 강력한 자아실현을 하려는 욕망은 가장 강력한 동기 부여로서 사내창업가의 육성이 필요하다. 이들에게는 무엇보다도 사내의 인재와 조직을 활용할 수 있고 주요 정보시스템과 핵심프로세스에 접근할 수 있어야 하며, 기존 평가 시스템과는 다른 평가시스템이 작동해야 자신의 자유로운 아이디어와 기술에 접목할 수 있을 것이다. 또한 기업의 재무시스템과 마케팅 및 고객시스템의 여러 도움과 협조가 필요하다. 창업 환경이 절차와 규제가 사라졌고, 정책자금을 받을 기회는 늘었다고는 하지만 불필요한 간섭은 없는가? 박원순 서울시장은 "풀뿌리 세력들이 잘 이끌던 사업도 관이 개입하면 수동적, 의존적이 되어 점점 흐지부지되는 경향이 있다. 이것은 비단 마을뿐만 아니라 문화 · 예술계 등 사회 전반에서 공통으로 보이는 현상이다. 그래서 기회가 있을 때마다 시가 앞장서서는 안 된다고 말한다. 행정은 반드시 다양한 이해관계를 '조율'하고 '지원'하는 역할만 해야 한다. 마을공동체 사업을 설계할 때 이러한 점을 최대한 고려했고, 여전히 세심한 부분까지 노력하고 있다. 더욱이 이미 잘 꾸려지고 있는 마을이라면 서울시가 개입할 생각도 없고, 간섭할 이유도 없다. 단, 서울에 마을공동체 문화가 확산되기 위해서는, 한발 앞서 공동체를 이루고, 다양한 현장 노하우를 쌓아온 활동가들의 도움이 필수적이다. 선배 혹은 동료가 필요한 것이다." 즉, 관계와 소통은 가능성을 연다.

일찍이 맹자(孟子)는 전국시대(戰國時代) 위나라의 혜왕을 만나 혜왕이 "내 나라를 이롭게 하는 것이 또 있습니까? 亦將有以利吾國乎"라고 묻자. 맹자는 "어찌 하필이면 이익을 말하는 것입니까? 何必曰利, 오히려 사랑하는 것과 부끄러워하는 것이 있을 뿐입니다. 亦有仁義而已矣, 임금이 어떻게 하면 나라를 이롭게 할 수 있을 것인가를 말하면 王曰 何以利吾國, 신하는 어떻게 하면 제 문중을 유익하게 할 것인가를 생각할 것이고 大夫曰 何以利吾家, 백성들은 어떻게 하면 자신을 유익하게 할 것인가를 생각하게 됩니다. 士庶人曰 何以利吾身, 위아래가 이익 다툼을 벌이면 나라는 위태로워지고 말 뿐입니다. 上下交征利 而國危矣, 만일 의를 뒤로 하고, 이를 앞세운다면 빼앗지 않고는 아무도 만족하지 못하게 될 것입니다. 苟爲後義而先利 不奪不饜, 어질면서도 제 어버이를 버린 자는 아직 없었고 未有仁而遺其親者也, 의로우면서도 제 왕을 뒤로하는 자는 아직 없었습니다. 未有義而後其君者也, 왕께서는 오직 인의를 말씀하실 따름이니, 하필이면 이를 말하는 것입니까? 王亦曰 仁義而已矣 何必曰利"라고 말하고 있다. 사람 사는 세상은 예나 지금이나 부귀공명(富貴功名)의 야망과 욕망으로 사리사욕을 앞세워 재물을 모으고, 땅과 건물을 넓히면서 사람의 생명을 파리처럼 생각하는 사람들이 있지 않은가? 무엇이든 소유하려고 하면 부자연스럽고 부자유스럽다. 지금 당신은 미션과 비전달성을 위해 무엇을 혁신하고 창조하고 있습니까?

【혁신 영성지수 진단】

다음은 우리조직과 나의 "깨어있는 혁신 영성지수(Lamp Spirituality Quotient For Innovation)"을 진단하는 체크리스트입니다. 점수는 각 번호 당 10점입니다.

1. 구성원들은 운영 및 실시간 성과자료에 접근할 수 있습니까?
2. 구성원들은 성과에 영향을 주는 핵심변수에 대해 결정권이 있습니까?
3. 어떤 과제를 완수하면 경쟁우위를 가질 수 있는지 알고 있습니까?
4. 자본과 인재의 재배치를 빠르게 전환할 수 있습니까?
5. 의사결정은 조직의 집단적 지식을 충분히 반영하고 있습니까?
6. 리더십개발 프로그램에서 혁신을 핵심주제로 다루고 있습니까?
7. 구성원들이 창의적 혁신도구와 글로벌 데이터에 접속할 수 있습니까?
8. 구성원들은 직무설명서에 혁신요소가 포함되어 있습니까?
9. 전략의 재설정 속도를 놀라울 정도로 빠르게 하고 있습니까?

10. 상위로 올라갈수록 불편하고 귀찮은 정보가 환영받고 있습니까?
11. 다양한 생각과 기술을 지닌 구성원들이 존중받고 있습니까?
12. 기존의 경영방식에 이의를 제기하고 도전하고 있습니까?

우리조직과 나의 "깨어있는 혁신 영성지수"는 Total 몇 점입니까?

조직 ; 점

나 ; 점

측정점수가 나왔습니까? 당신과 조직의 영성지수의 수준을 알 수 있습니다. 점수의 해석은 다음과 같이 해석하시고 결과에 따라 신중하고 정확한 대응방법을 생각하십시오.

* 120~100점 영성경영 3.0, 경영이념 3.0입니다. '훌륭합니다.'만 유지가 필요합니다.
* 99~60점 영성경영 2.0, 경영이념 2.0입니다. '좋습니다.'만 변화가 필요합니다.
* 59~0점 영성경영 1.0, 경영이념 1.0입니다. '절망적입니다.'만 혁신이 필요합니다.

만약, 당신과 당신의 조직점수가 절망적이라면 희망과 용기를 가지고, 영성과 역량경영, 관계와 평가경영, 그리고 성찰과 창조경영을 신중히 검토하십시오. 없다면 새롭게 디자인 하십시오. 혹시, 맨토가 있으십니까? 그렇다면 걱정하지 마시고 의논을 하십시오.

【창조경영 레이더차트 그리기】

다음은 '창조'에 관한 우리조직과 나의 "깨어있는 영성지수(Lamp Spirituality Quotient)"를 종합 진단하는 레이더차트입니다. 앞에서 기록한 점수를 기입하시고 나는 빨강, 조직은 파랑색깔로 마킹하시고 직선으로 연결하십시오. 앞장의 모든 부분을 연결합니다.

1. 학습(Learning)

   ① 조직;   점   ② 나;   점

2. 실험(Experiment)

   ① 조직;   점   ② 나;   점

3. 혁신(Innovation)

   ① 조직;   점   ② 나;   점

수고 하셨습니다. 완성된 원을 보시며 이제는 조용히 깨달음의 시간을 가져야 할 순간입니다. 전체와 부분을, 본질과 문제를, 사실과 생각을 확인하며 올바른 방향과 길을 찾으셨으면 좋겠습니다. 당신의 영원한 진리를 향해 나가는데 이 작은 그림이 도전과 열정을 이끌어줄 친구가 되었으면 참 좋겠습니다.

〈그림17〉 창조에 관한 '깨어 있는 영성지수'

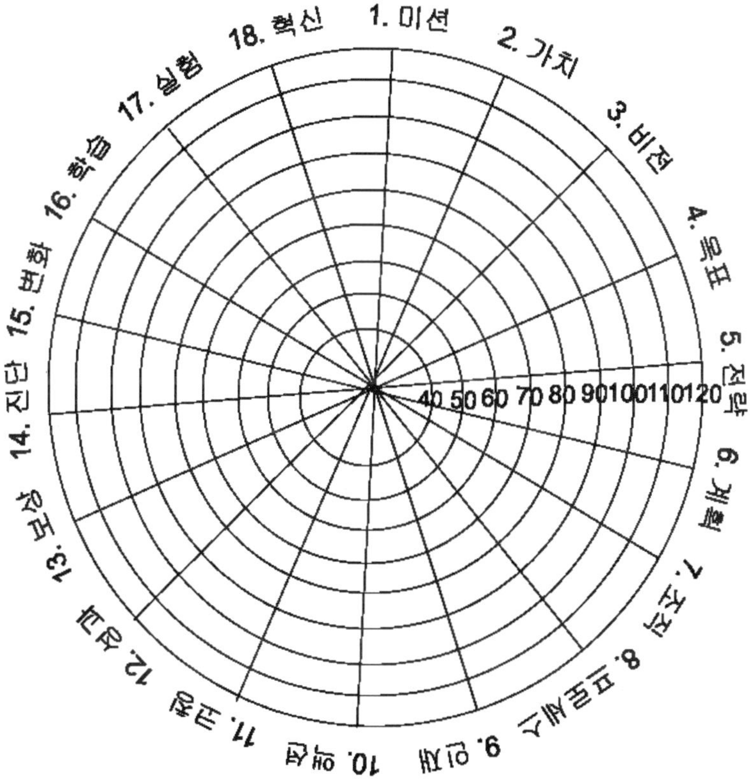

나오기

【지금은 영혼이 필요한 시간】

조직이 21세기에도 생존 할 수 있는 핵심원칙은 무엇일까? 그것을 찾아서 창조적으로 적응해야 한다. 당신과 조직의 핵심경영프로세스는 무엇인가? 최적의 조직과 일하는 방법, 그리고 사람으로 적응해야 한다. 개인과 조직의 역량을 성장시키는데 무엇이 방해가 되는가? 개인과 조직의 성과창출을 가로막는 장애물이 무엇이라고 생각하는가? 그동안 성공한 모델과 방식이 걸림돌이 된다고 생각하지 않는가?

누구나 창조가 중요하다는 것을 안다. 에이브러햄 매슬로우는 "도대체 창조성이라는 건 어디에 자리 잡고 있는 겁니까? 창조성을 켰다 켰다 할 수 있는 전극이라도 심어야 하는 거 아닙니까? 창조성의 개념과 개인이 건강하고, 자기실현 의욕이 있으며, 완전한 인간적 면모를 갖춘 사람의 개념은 점점 더 가까워져 결국엔 똑같은 것으로 밝혀지지 않을까 생각된다."고 언급했는데 이 말은 무슨 뜻일까?

당신은 누구인가? 변화와 도전, 진리에 대한 열정을 품고 살아갑니까? 왜 지금 영성경영과 창조경영인가? 왜 자기경영과 기업가정신인가? 왜 인문학이 뜨고 있는가? 당신은 변화의 영원한 진리(眞理)를 향한 여행을 시작하고 싶습니까? 왜 당신은 깨달음으로 이끄는 경영이란 무엇인가를 읽었습니까? 왜 당신은 지금은 영혼이 필요한 시간을 읽었습니까? 즉, 왜 당신은 영혼이 있는 경영과 영혼이 있는 리더를 읽었습니까? 왜 당신은 깨달음이 있는 삶과 깨달음이 있는 경영을 읽었습니까? 창의적인 사람이 되어 창의적인 일을 하고 싶은가? 창의적인 조직을 만들고, 창의적인 사회를 만들고 싶은가? 인생과 경영을 잘하고 싶고, 그래서 성공하고 싶은가? 왜 당신은 창의적인 사람이 되고 싶고, 특별한 일을 하고 싶은가? 왜 창의적인 조직을 만들고 싶고, 창의적인 사회를 만들고 싶은가? 왜 경영을 잘하고 싶고, 왜 성공 하고 싶은가? 평화와 환희, 사랑과 기쁨이다. 이것은 무엇으로 부터 오는가? 인류 전체를 향한 위대한 영성(영혼)이다. 당신은 누구인가? 위대한 영성을 가진 사랑의 영혼이다.

우리는 창의성과 열정을 무한히 이끌며 경영의 한계에 도전하고 있는가? 궁극적으로 무슨 결과를 위해 가고 있는가? 그리고 누구를 위해 열정을 다하고 있는가? 우리는 독창적이고 창의적인 목적을 위해 경영의 미래를 창조할 수 있어야 한다. 지속가능경영이란 무엇일까? 경영하되 경영하지 말아야 한다. 경영자 없이 경영하고, 조직 없이 운영하는 것은 구성원들이 진정한 주인이 될 때 가능하다. 당신과 우리는 주인인가 노예인가? 우리가 지속적인 학습과 실험, 혁신과 탐험을 추구해야 하는 이유는 무엇인가? 문제의식 즉 우주의 본질인 창조다.

이 세상은 왜 존재하고 있다고 생각하는가? 우리들은 왜 존재하고 있을까? 당신과 우리는 아무리 장애가 있어도, 가난한 삶이 지겹고 힘들어도, 나이가 들어 약해져도 모든 사람과 사물은 그 존재의 중요한 이유가 있다. 누구든지 길을 가다보면 넘어질 수도 있고, 길을 잃어버릴 수도 있으며, 너무 힘들어 눈앞이 보이지 않을 때가 있다. 그럼에도 불구하고 다시 일어서고, 길을 찾고, 묻고 앞으로 나아가야하는 중요한 이유는 무엇일까?

당신과 여러분께 묻습니다. 산다는 것이 무엇일까? 진짜로 산다는 것은 무엇인가? 찾고 다시 찾고 묻습니다. 우리보다 훨씬 완성된 자기실현의 삶을 살았던 인류의 스승들에게 삶의 철인들에게 끊임없이 묻고 묻습니다. 그런 중에 볼 수 있고, 만날 수 있는 것이 무엇일까? 우주와 인간, 만남과 관계 관계와 연결, 연결과 소통 즉 이것은 '균형 잡힌 삶'으로 아침햇살 선생님뿐만 아니라 지금 우리들의 마음이다. 여기서 균형이란 적당한 가운데가 아니라 중용(中庸)이요 근원적인 생명력의 발원지며 우주심장과 교감하는 영혼의 영성을 발휘하는 여정이다. 어느 노래의 어디로 가야 하나, 분명하지 않은 갈길, 날마다 태어나고, 어둠을 가를 빛, 여기서가 끝이 아님을, 기쁨을 알게 되고, 산다는 그것만으로도 의미는 충분한 것...

당신은 인생과 경영의 삶을 어떻게 살고 싶은가? 지금 행복하고 좀 더 지속적인 성과가 있는, 이웃과 이 세상에 조금이라도 보탬이 되는 구체적이고 체계적인 삶을 살고 싶진 않은가? 그 구체적 생각의 에너지는 무엇인가? 내 생각이 아닌 사실의 세계인 과학(科學)의 토대위에 세우고, 사실이라는 과학의 토대위에서 에너지를 키우고, 건강한 생각으로 바꾸어 나가는 철학(哲學)의 세계를 통과해서 삶은 모든 것들이 서로 연결되어 하나로 연결되는 영성(靈性)의 세계를 열어가야 한다. 마침내 그런 것들을 당신과 우리의 삶의 작품으로 표현하는, 삶을 예술(藝術)로 살아가는 것이 삶과 경영에 있어 깨달음의 과정이다. 즉 직감과 통찰, 통합이다.

피터 드러커(Peter Drucker)는 미국의 잘 나가는 "40대 최고경영자들이 갑자기 추락하는 것은 기업마인드, 정신, 영성이 부족하기 때문"이라했으며 패트리셔 에버딘(Patricia Aburdene)도 기업이 달성해야 할 목표는 "지혜와 깨달음, 영성으로 가득 찬 인적자산의 힘을 인식해야 한다."고 했다. 좋은 기업을 넘어 위대한 기업의 짐 콜린스(Jim Collins)는 "성공적인 기업은 이윤추구를 넘어 사회발전에 사명을 다하는 기업, 지속적인 혁신이 일어나도록 학습하는 기업, 영혼이 있는 기업이 되어야 한다."고 했듯이 지금은 영혼이 필요한 시간이다.

영(Spirit)과 영성(Spirituality)이란 무엇인가? 국어사전은 "신령한 품성, 성질"이라하고, 위키 백과사전에는 "정신의 물질이고, 정신의 세계와 연관된 철학적 개념이며, 초월적, 더 나아가 신(神)을 뜻 한다"고 나와 있다. 미드로프와 덴톤(Mitroff & Denton; 1999)은 영성은 "완전한 삶을 살기위해 그리고 삶에서 의미와 목적을 찾기 위한 기본적인 열망"이라고 정의하며, 죽음의 수용소로 유명한 프랭클(Frankl)은 "인간의 영적인 힘으로 우리의 정신건강을 증진시키고, 유지시킬 수 있는 인간내재의 잠재력의 저장소에 우리의 주위를 돌리게 한다."고 갈파하고 있다.

김태우(2010)는 영성경영이란 "자신이 추구하고자 하는 궁극적인 삶을 살기위해 자기 자신의 내면의 목소리에 귀를 기울이는 것"이며 이것을 영성회복 또는 신성회복으로 정의하고 있다. 그는 조직구성원이 자신의 영성을 회복할 수 있도록 교육을 지원하고 그러한 분위기에서 조직을 영성경영 할 수 있도록 조직차원에서 지원을 하는 것이라고 언급하고 있다. 그러나 어느 누구도 섣불리 영성경영을 받아들이기에는 거부감이 있을 것이다.

왜냐하면 이것은 종교라고 보는 시각이며 지금까지 '눈에 보이는' 물질과 자원을 대상으로만 삼는 것이 경영의 불문율이었기 때문이다. '숫자로 나타낼 수 없는 부분' 즉 '측정할 수 없는 것은 관리할 수 없다'는 것은 지나온 100여년의 경영관리의 중심이요 핵심이었다. 진짜 그럴까? 사실인가? 그런데 너무 이상하지 않은가? 보이지 않는 부분인 경영이념과 경영철학을 오늘날 기업들은 눈만 뜨면 버젓이 주장하고 있진 않는가?

당신은 비전만능주의와 조직의 관리시스템에 자기도 모르게 일상적 매너리즘에 빠져 자기의 진정한 삶인 줄도 모른 체 관리중심의 노예와 물질의 도구로 이용되어져 이익창출에 억지로 앞장서진 않았는가? 자발성이 사라지고 자신감이 상실된 적은 없었는가? 막막한 조직현실 속에서 더욱이 치열한 경쟁과 압력 속에서 극심한 스트레스를 받고 있진 않는가? 더 많은 경제적보상이 성공과 행복인양 착각하고 스스로 위로하며 일하고 있지 않는가?

지금 조직의 현실적 상황은 긍정적인가 부정적인가? 그렇다면 몸에 영양을 주듯 더 더욱 인간의 내면적 심층인 영혼의 영성에 양식을 듬뿍 주며 서서히 길러야 한다. 내면의 '눈에 안 보이는 부분' 즉, 인간의 가장 깊은 의식층인 영성(Spirituality), 그곳에서 떠오르는 진정한 내면의 목소리인 영감과 직관이 바로 당신과 우리자신의 정체성을 통한 가치와 신념의 행동표출이라는 것을 바로 알 때다.

즉 우주자연과 실존적 존재, 그리고 진리의 진정한 앎은 우리가 모를 때이다.

에필로그

21세기 경영은 소유와 독점을 넘어선 관계와 공유, 상생(相生)과 협동에 있지 않을까? 인본주의와 인간중심(人間中心)을 넘어선 자연(自然)과 만물(萬物)중심으로 운행(運行)되어야 하지 않을까? 무모한 경쟁에서 함께 더불어 살아가는 지혜(智慧)를 발현해야 하지 않을까?

인간과 지구, 우주는 무엇인가? 지구가 속해 있는 태양계 1천억 개가 모여 은하를 이루고, 은하 1천 억 개가 모여 우주를 형성한다고 한다. 이처럼 우주 속에 한 귀퉁이 점처럼 떠나다는 지구 속에서도 먼지보다도 작은 인간을 정의하기 쉽지 않다. 다만 변하고, 흐르고 순환할 뿐이다.

한국식 경영이 무엇인가? 많은 사람들은 묻는다. 즉, 지속가능한 경영을 묻고, 찾는 것이다. 미국식 경영과 일본식 경영을 넘어 진정한 한국식 경영은 무엇이라고 생각하는가? 경영과 역사는 진보하지 않는다. 다만 변하고, 흐르고 순환할 뿐이다. 지속가능이란 사람의 가치 판단에 의해 언어의 마술에 의해 명명되어지는 그런 것이 아니다.

20세기 최고의 발명품이라 칭송받는 경영이란 도대체 무엇일까? 무슨 책인데 책방에 똑같은 제목의 책들이 내용도 비슷비슷한 책들이 대형서점에 120여권이 넘게 진열된 걸까? 진리(眞理)를 운영(運營)하는 일이 쉽지만은 않다는 방증일까? 한국적 경영이란 있는 것일까? 경영은 인간의 삶이요. 삶은 경영이다. 지금 세계는 경영과 삶의 '모든 것들이 서로 연결되어 하나'라는 본성과 불성을, 영성과 신성을 천천히 알아가며 깨달아 가고 있을 뿐이다.

옛 부터 "능력(能力)있는 사람이 운(運)좋은 사람을 이기지 못하고, 운 좋은 사람은 인복(人福)이 많은 사람을 넘지 못하며 인복이 많은 사람은 명(命)이 긴 사람에게 진다"라는 말의 진정한 의미는 무엇일까? 즉 실력(德)을 갖춘 사람이 주변 사람들에게 자기를 낮추고, 겸손하게 나누면서 스스로 드러나지 않는다면 운(運)과 복(福)이 더불어 주어져서 천명(天命)을 다한다 말이 아닐까?

하늘은 스스로 돕는 자를 돕는다는 것이 진정 무엇일까? 공자(孔子)의 아들 백어(伯魚), 백어의 아들인 자사(子思)의 중용(中庸)편 천하지성(天下至誠)에 "자기의 타고난 성(性)을 완전히 발현하면 다른 사람의 성(性)을 온전히 발현케 할 수 있고, 다른 사람의 성(性)을 온전히 발현케 하면 모든 사물의 성(性)을 온전히 발현케 할 수 있다." 지성무식(至誠無息)에 "지성(至誠)은 쉼이 없고, 쉼이 없으면 오래가고 오래가면 징험이 드러난다." 그리하면 "내 보이지 않아도 스스로 드러나며 움직이지 않아도 세계를 변화시키며 함이 없어도 만물을 성취 시킨다."는 것이다. 중용(中庸)이란 적당한 가운데가 아니라, 근원적으로 나를 찾아 끊임없이 변화시키는데 있음이다.

자연은 중용이요. 스스로 그러하듯이 공평하고 무사(無私)하며, 인자(天地不仁)하지도 않다. 천지와 세상은 흐름과 순환이, 변화가 있을 뿐이다. 인간도 자연이고 경영도 그렇다. 다만 세상을 내 것으로 고집하고, 착각하며 내 마음대로 되어야 한다는 억지 생각이 알맞음과 어울림을 파괴하고, 멸망과 몰락으로 빠르게 내몰게 된다.

도도히 흐르는 자연스러움을 과연 누가 붙잡을 수 있는가? 잡았으면 그것은 생각일 뿐 사실이 아니다. 경영과 인간이란 무엇인가? 삶이요 변화이다. 태어나서 묻고 찾고 알고 다시 태어난 곳으로 되돌아 올 뿐이다. 공수레이면서 공수거일뿐이다. 자연은 노장(老莊)으로 보면 상덕(常德)이요 공맹(孔孟)으로 보면 인의(仁義)이다. 또한 동양의 성현(聖賢)들이 늘 가까이 했던 주역(周易)은 원형이정(元亨利貞)의 자연을 설파하고 있다.

원(元)은 봄이요 유년이다. 씨앗을 심는 마음가짐이다. 형(亨)은 여름으로 청장년이다. 심은 것을 잘 돌보고, 키우려는 마음가짐이다. 이(利)는 가을로 장년이다. 잘 거두어 이롭게 하는 마음가짐이다. 정(貞)은 겨울로 노년이다. 사사로움이 없이 곧고, 바르게 저장하는 마음가짐이다. 원형이정은 대 자연의 우주의 변화요 흐름이요 순환이다. 이것을 잘 알고, 행하는 것이 인간이요 경영이다. 당신은 과연 무엇이 경영과 인생이라 생각하는가? 우리는 어떻게 살아야 하는가? 나는 지금 어디에 와 있는가? 지금 당장 두려움 없이 떠날 수 있는가?

등산길에 이름 모를 풀잎의 신비로운 꽃, 든든한 버팀 흙과 버팀돌, 버팀목에서 깨닫는다. 드러난 나무뿌리에 가슴이 저미고, 등산화에 개미가 밟히지 않도록 걸으면서 인간과 경영에 대해 묻고 또 묻는다. 나는 누구이며 우리는 누구인가? 지금 어디로 가고 있는가? 나와 우리는 무엇으로 어떻게 갈 것인가? 나와 우리는 누구와 함께 갈 것인가? 나와 우리는 예정대로 잘 가고 있는가? 나와 우리는 지금 어디에 와 있는가? 나와 우리는 지금보다 다르게 할 수 있는가? 물음으로 시작하고, 물음으로 되돌아온다.

단테는 "우리 인생의 여정 한가운데서 나는 어두운 숲속에 있는 내 자신을 발견하게 되었다. 옳은 길을 완전히 잃어 버렸기 때문이다" 고했다. 조직과 기업뿐 만아니라, 젊은이들과 중년을 넘어선 분들도 이 말은 역시 중요하다. 긍정적이든 부정적이든 삶의 모든 현상에서 깨어있고, 평정심을 유지하기 위한 노력은 지속되어야 한다.

자! 이제 나와 우리를 넘어 세계를 보자. 국가와 세계적 기업들이 인간의 지능과 영혼을 이해하고 즉, 영성경영을 넘어서, 학습과 실험, 혁신을 바탕으로 한 창조경영의 세계로 나가는데 있어 정교함을 갖추고 있다. 국가와 기업이 주인 되는 시대는 점점 끝나가고, 개인이 주인 되는 시대가 이미 왔다. 조직과 나의 혼(魂)불인 본성과 영성, 불성과 신성을 묻고 찾고 알자. 어디서든 통(通)할 수 있는 능력과 재능을 발견하자. 창조(創造)적 삶의 쓰임 받는 일에 불태우자. 밝고 긍정적인 의식으로 자기 삶을 경영하는 예술가(藝術家)로 살자. 하늘과 땅이 준 우주(宇宙)적 공간적 사명을 잊지 말자. 이웃과 사회에 인류에 온몸을 발현시키자. 그리고 천명(天命)을 기다리자.

제목 깨달음으로 이끄는 경영이란 무엇인가?

초판발행 2014년 12월 10일

지은이 이종운
펴낸이 추일재
디자인 박미옥

펴낸 곳 비즈프레스
주소 서울시 강동구 천호동 359-23
전화번호 (02) 309-5356
출판등록 제324-2006-0044호
이메일 bizpress@hanmail.net

인쇄 현대인쇄소
제본 화신제본소

ISBN 978-89-92730-00-6 (03320)